LA CHARITÉ

DANS

L'ÉVOLUTION SOCIALE

PAR

Mme C. des PREZ de LA VILLE-TUAL

DEUXIÈME ÉDITION

LIBRAIRIE CATHOLIQUE

PÉRISSE FRÈRES

Nouvelle Maison à Paris, rue Saint-Sulpice, 38

BOURGUET-CALAS, SUCCESSEUR

LA CHARITÉ

DANS

L'ÉVOLUTION SOCIALE

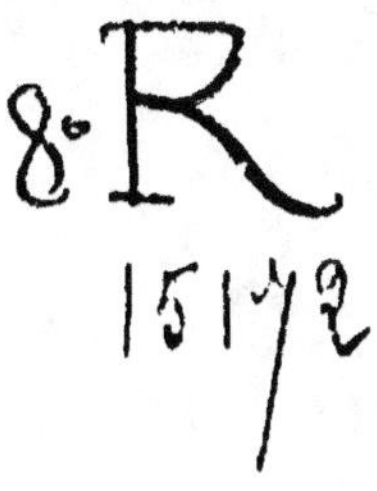

LA CHARITÉ

DANS

L'ÉVOLUTION SOCIALE

PAR

Mme C. des PREZ de LA VILLE-TUAL

DEUXIÈME ÉDITION

PARIS

LIBRAIRIE CATHOLIQUE DE PERISSE FRÈRES

Nouvelle Maison à Paris

38, RUE SAINT-SULPICE, 38

Lettre de Mgr l'évêque de Saint-Brieuc
à l'auteur.

Madame,

C'est avec le plus vif intérêt que j'ai pris connaissance des pages que vous avez bien voulu me communiquer et qui doivent paraître prochainement en volume sous ce titre :

La Charité dans l'Evolution sociale.

Il est évident que la justice est la première base de la société, mais après la justice et avec elle, l'état social a besoin de la charité. Et c'est de cette vertu surnaturelle éminemment sociale que vous entretenez vos lecteurs avec une chaleur communicative à laquelle nul ne pourra se dérober. Ils admireront comme moi, la connaissance que vous avez du monde de notre temps, des besoins de notre époque. Vous avez beaucoup lu, beaucoup retenu, beaucoup observé, beaucoup réfléchi. J'estime que vous avez condensé en quelques pages tout ce qui est à dire sur la charité pratique et sur la pratique de la charité ; sur ce qui a été fait dans le passé, sur ce qui est fait dans le présent et sur ce qu'il faut faire dans l'avenir.

Puissent vos sages conseils être compris des femmes du monde auxquelles vous vous adressez plus particulièrement, puisse votre livre être apprécié comme il le mérite, puisse-t-il surtout faire beaucoup de bien, car c'est là le succès que vous ambitionnez.

Veuillez agréer, Madame, l'hommage de mon dévoué respect.

† PIERRE-MARIE,
év. de Saint-Brieuc et Tréguier.

Evêché de Moulins, le 26 Janvier 1898.

MADAME,

Vous publiez en ce moment la seconde
édition d'un nouveau livre sorti de votre
plume féconde et intitulé : *La Charité dans
l'évolution sociale*, et vous me faites l'honneur
de me demander ce que je pense de votre
publication. Bien que j'avoue humblement
mon incompétence dans les questions
sociales qui préoccupent aujourd'hui tant
d'esprits, je m'empresse de vous répondre
qu'après avoir lu attentivement votre volume,
l'impression qui m'est restée de cette lecture est de tout point favorable. On voit
que ces hautes questions vous sont
familières. Vous les traitez avec une élévation de pensées *rares*, je serais presque
tenté de dire *virile*. Vous marchez toujours
à la lumière des principes chrétiens et des
Encycliques pontificales et la démonstra-

tion qui ressort de votre travail : claire, évidente, est que l'Eglise a eu l'initiative du soulagement des misères humaines sous leurs aspects divers, que la *philantropie* proprement dite, n'est que le plagiat, et la contrefaçon de la *charité*, et qu'en dehors de la religion on ne trouvera jamais la solution des problèmes sociaux. Ces idées élevées, vous avez su les revêtir d'une forme élégante et vraiment littéraire, qui leur imprime encore plus de relief et plus d'intérêt.

Votre livre s'adresse, du moins dans sa dernière partie, spécialement aux femmes auxquelles vous tracez leurs devoirs avec une grande compétence ; mais j'ose dire qu'il convient au même titre aussi aux hommes qui ne le liront pas, j'en suis sûr, sans devenir meilleurs.

Veuillez agréer, Madame, l'expression de mon respectueux dévouement en N.-S.

† AUGUSTE, év. de Moulins.

Evêché du Puy, 24 Janvier 1898.

Madame,

Je viens d'achever la lecture de votre livre « *La Charité dans l'évolution sociale* » et je m'empresse de vous dire qu'il m'en est resté la plus favorable impression.

Vous avez mille fois raison, Madame, d'affirmer qu'on ne trouvera de remède aux maux innombrables, aux souffrances physiques et morales qui tourmentent la société moderne, que dans la pratique de l'esprit de justice et de charité. Oui, il faut revenir à l'observation rigoureuse du décalogue et des préceptes de Celui qui a dit : « Aimez-vous les uns les autres. Faites du bien à ceux qui vous haïssent. »

Vous n'êtes pas moins dans le vrai, Madame, en revendiquant spécialement pour la femme, l'honneur glorieux de s'inspirer surtout de cet esprit de justice et de charité d'où nous viendront la rénovation et le salut et de s'en faire l'ardente propagatrice. Par sa nature, en effet, par sa mission, par ses qualités natives, elle est *l'agent le plus apte à toucher toutes les plaies et toutes les douleurs.*

Vous nous la montrez de fait, comme un ange consolateur au milieu de toutes les souffrances et à tous les degrés de l'échelle sociale. On voit, Madame, que vous connaissez pour les avoir pratiqués, les mille industries et les délicatesses infinies du dévouement aux malheureux. Votre ouvrage pourrait être justement nommé le *Manuel de la Charité chrétienne.*

Je vous remercie, Madame, d'avoir conservé souvenir de nos relations d'autrefois et de m'avoir envoyé votre beau livre.

Je fais des vœux pour qu'il trouve de très nombreux lecteurs, et je demande à Dieu qu'il répande ses meilleures bénédictions sur l'auteur et sa famille.

Veuillez agréer, Madame, mes respectueux hommages.

† CONSTANT, *év. du Puy.*

PRÉFACE

Il y a déjà bien des années, l'auteur de ces lignes, alors au seuil d'une carrière qui ne fut pas sans déceptions et sans tristesses, rencontra une de ces amitiés fidèles, profondes et dévouées, comme la Providence en réserve à quelques hommes, plus soumis que d'autres aux rigueurs de l'existence. C'est à cette amitié si douce et que ni le temps ni l'éloignement n'ont pu affaiblir, qu'il souhaite aujourd'hui rendre hommage, en présentant au public un des livres les plus touchants qu'il ait jamais lus, dicté par des sentiments d'une élévation toute chrétienne, et animé d'un noble amour des déshérités de ce monde.

Qu'il soit permis de le dire : en écrivant cette *Étude sur la Charité dans l'Évolution sociale,* Madame des Prez de la Ville Tual n'a fait que réduire à la théorie la pratique d'une vertu dont elle comprend l'autorité. Mère d'une famille nombreuse, dans laquelle, hélas ! la mort frappa trop souvent, elle vécut loin du monde, où du reste elle ne cherchait, à de rares intervalles, que le plaisir intellectuel des récréations artistiques ; elle vécut à la campagne, en pleine Bretagne, au milieu des landes plantées d'ajoncs et de chênes, sous lesquels se dressent encore les mystérieux menhirs et les pierres druidiques ; elle y vécut la vie monotone des châtelaines d'autrefois, mais sans l'éclat et les pompes dont elles s'entouraient, occupée seulement de ses devoirs d'épouse, de mère, de femme d'intérieur.

C'est, dit-on, la vie la plus heureuse, si elle n'est pas la plus brillante. Le devoir de chaque jour, le travail de chaque jour, suivant l'ordre des saisons. La surveillance active d'une maison et d'un domaine, du lever au coucher du soleil. L'heure de loisir entre le repas du soir et la prière, accordée à l'art ou à l'étude. Le dimanche et les fêtes sanctifiées suivant le commandement, avec, pour seules joies, la visite des malades et des pauvres, l'aumône distribuée sous les tonnelles du jardin, les bons conseils adressés aux jeunes filles, les caresses aux orphelins, une patiente attention aux récits des vieillards, et pour tous et toutes un tendre sourire aux lèvres, une parole affable.

En revanche, la vénération, amour et respect, du plus grand nombre, et, par malheur, aussi parfois l'ingratitude. Mais quelle récompense est de ce monde?

Ce fut donc en pratiquant — non pas la bienaisance, qui n'a jamais une action personnelle — mais la charité quotidienne dans ses menus et humbles détails, que Madame des Prez de la Ville Tual comprit quelle place doit tenir cette vertu dans les préoccupations de la vie chrétienne, et de quelle importance elle est pour les individus et pour les collectivités.

Elle ne tarda point à rechercher dés lectures en rapport avec sa pensée constante ; elle annota quelques auteurs préférés ; elle se fit un cahier de citations ; elle résuma quelques pages. Et de ce premier travail, sans prétention, fait uniquement pour son plaisir, naquit un jour l'idée de l'ouvrage que, cédant aux instances de ses amis, elle publie aujourd'hui.

Ce n'est pas le premier. Un émouvant récit breton, l'*Orpheline de Dol*, qui eut l'honneur de nombreuses éditions, plusieurs récits pour la jeunesse, une charmante nouvelle à la manière anglaise, la *Femme d'un avocat*, avaient déjà révélé une plume alerte, un esprit enjoué, une âme délicate et noble. Mais si la femme intelligente et lettrée se croyait le droit de conter avec humour une historiette, d'écrire en se jouant les aventures de la gentille Yvonne, de s'inspirer des légendes poétiques et des paysages mélancoliques de la terre d'Armor, elle redoutait de paraître pédante, — si elle se jetait dans la discussion des grandes questions sociales que les troubles de ce siècle si agité ont fait surgir.

Elle se trompait assurément, car en tout ce qui touche à l'éducation, à la famille, aux bonnes œuvres, la femme qui écrit n'est jamais un *bas-bleu*.

Le bas-bleu commence par se viriliser et se guinder sur le champ à des spéculations philosophiques au-dessus de sa portée : il veut faire la psychologie des passions et des caractères, formuler une morale dictée par ses impressions et soumise à son caprice. Il n'admet ni supériorité, ni discussion, prêche l'émancipation du sexe.

Mais en présence de cet odieux produit de notre civilisation faussée par des sophismes, et qu'ont flétri ou raillé à l'envi, après Molière, Joseph de Maistre, Louis Veuillot, Paul Féval, Barbey d'Aurévilly, et plus récemment encore le savant Lombroso, il est des femmes écrivains qui, sans aucune visée de convertir l'humanité, ont seulement le souci de lui fournir le bon exemple. Elles ne revendiquent, au moins, que le droit au travail, ne déclament point contre d'imaginaires tyrannies, ne décrivent pas leur boudoir et ne s'abaissent point, ainsi que George Sand, à de honteuses confessions.

Elles n'ont même aucune concupiscence de rénovation littéraire, ne sont ni esthètes, ni modernistes, ni symbolistes, ni naturalistes ; elles ne prennent la plume que pour dire franchement, simplement, ce qu'elles pensent utile. Leur ambition se borne à mériter qu'on leur applique le vers de Molière, épigraphe de ces pages :

Je consens qu'une femme ait des clartés de tout.

Celles-là ont peut-être aussi l'inimitié des gens de lettres, qui encouragent médiocrement la concurrence des plumes féminines. Elles ont certainement l'estime des gens de bien.

Au spectacle douloureux des misères humaines, du paupérisme qui nous envahit, de la désertion des campagnes au profit des centres ouvriers, des haines qui vont sans cesse grandissant, des menaces contre une société en proie au pire bouleversement, Madame des Prez de la Ville Tual a voulu, par des conseils pratiques, démontrer que peut-être l'exercice de la charité telle que la définit et l'ordonne l'Evangile, serait sinon un remède infaillible, du moins un palliatif.

A tout prendre, il est certain qu'il n'est pas

facile de n'être ni socialiste, ni communard, au sens étroit de ces mots. L'ouvrier qui rentre chez lui, sa journée faite, las, harassé, mal vêtu, et qui longe le boulevard ayant quelques sous en poche, se demande pourquoi les bijoutiers exhibent des diamants, des perles et de l'or. Il songe à la soupe qu'il mangera tantôt, et regarde, non sans mépris du reste, des bottes d'asperges à trois louis, et des fraises à un écu la pièce. Il réfléchit que l'exagération du superflu des uns suffirait au nécessaire de tous ; que le bout de soie qui traîne sur le trottoir paierait la robe de sa fille, et que le cigare dont la fumée balaie sa figure a coûté plus que le repas de toute sa famille. Il se dit que le luxe insolent qui l'entoure est fait de sa misère. Et dans son cœur, il maudit le riche corrompu et corrupteur — en s'en allant comme Œdipe s'en allait de Thèbes.

A ceux-là qui souffrent, il faut aussi des conseils, en même temps que des consolations : il faut leur faire comprendre la parole du Maître : « Il y aura toujours des pauvres parmi vous. »

Le livre de Madame des Prez de la Ville Tual

n'est pas un traité ; c'est une étude. Il fera du bien parce qu'il est simple, empreint d'une pénétrante bonté, d'un grand respect pour les déshérités, de l'amour du pauvre. Il fera du bien, surtout, parce qu'il ne se perd nullement en dissertations stériles et demeure, au contraire, dans le domaine de la pratique, en indiquant avec précision les moyens multiples de venir en aide aux infortunes de toute sorte, et en dénombrant les Œuvres fondées et continuées pour soulager toutes les misères.

En pousser plus loin l'analyse serait le déflorer. Il est, d'ailleurs, écrit avec tant de charme, en ce beau style clair et ferme de la langue classique, avec une si réelle souplesse de plume, que tout le monde peut y trouver de l'attrait. Sans exagérer l'érudition, l'auteur a mis habilement à profit ses lectures, et trouvé, aussi bien chez les philosophes célèbres que dans les feuilles éphémères, nées et disparues au jour le jour, les renseignements et les citations qui donnent à une étude de ce genre le complément définitif.

Habent sua fata, s'écriait le poète. Quel que

soit le sort de la *Charité dans l'Évolution sociale*, ce livre restera le meilleur titre à la gloire de son auteur, parce qu'il a pour but de relever à leurs propres yeux les pauvres, de commander la tendresse pour les petits, et de glorifier la douce, la belle, l'éternelle Charité !

CHARLES BUET.

Paris, mars 1896.

LA CHARITÉ

L'ÉVOLUTION SOCIALE

Fin de siècle !..... Cette expression qui devient courante dans le langage ordinaire, n'implique guère pour les esprits superficiels et frivoles d'autre pensée que celle d'une excentricité inédite ou de quelque monstruosité dans la mode ou les usages reçus.

Pour les esprits sérieux ces mots renferment toute une série de réflexions profondes : constatations, appréciations, projets ; tout ce qui constitue le bilan du siècle qui finit et les espérances de celui qui va commencer. Les enthousiastes et les optimistes, regardant seulement un côté du tableau, s'exaltent dans un chant de triomphe, c'est ainsi que nous relevons dans une revue scientifique, cette description tant soit peu poussée à l'hyperbole :

« Prenez-moi seulement le plus génial
« de nos grands devanciers d'il y a cent
« ans et supposez-le transporté brusque-
« ment au milieu de notre civilisation inten-
« sive, effervescente et affairée. Dites-lui que
» demain matin, si le cœur lui en dit, il
« peut déjeuner à Londres, à Anvers, à Ge-
« nève, à Marseille ; que dans six jours il
« peut être à New-York ; avant un mois au
« Brésil ou au Japon.

« Dites-lui que 25 minutes vont lui suffire
« pour dépêcher aux antipodes une nouvelle,
« un salut, un ordre, un bon sur la caisse
« et pour recevoir la réponse..... ou l'ar-
« gent.

« Dites-lui qu'entre Liverpool et Botany-
« Bay (trente ou quarante jours de mer
« depuis le percement de l'Isthme de Suez

« qu'il n'avait pas rêvé et l'invention des
« bateaux à vapeur qu'il ne soupçonnait
« pas), les plus grosses affaires se peuvent
« débattre et conclure en « ce que vivent les
« roses, l'espace d'un matin ! »

« Dites-lui que : au coin de son feu, dans
« son fauteuil, en dégustant son café sucré
« avec du jus de betteraves artésiennes ou
« flamandes, il peut assister à la représen-
« tation de l'Opéra, sans rien perdre des
« vocalises les plus légères, des nuances les
« plus délicates de l'orchestre et du chant.
« Dites-lui que dans Paris, il lui est loisible
« de converser comme en tête-à-tête avec
« tel philosophe d'outre-frontières qu'il lui
« plaira d'évoquer en appuyant sur un
« bouton ; d'échanger avec lui des confi-
« dences verbales et de reconnaître sa voix.

« Dites-lui qu'on sait mettre en bouteilles
« la parole humaine, en faire des conserves
« et l'expédier comme un vulgaire paquet
« à l'autre bout du monde. Dites-lui qu'on

« a discipliné la lumière et forcé le soleil, de
« par la sorcellerie de la science, à se faire
« docilement le peintre ordinaire de Sa Ma-
« jesté l'Homme, « croquant » au vol, en un
« centième de seconde, l'image d'un cheval
« qui galope, d'un oiseau qui vole ou d'un
« boulet de canon qui fend l'espace.

« Dites-lui que la médecine moderne a
« appris à lire au fin fond des replis les
« plus ténébreux du corps humain, dites-lui
« qu'on a supprimé la douleur et qu'en
« janvier 1891 on vous coupe bras et
« jambes, on vous ouvre un jour de souf-
« france dans la coupole osseuse de votre
« crâne ; qu'on vous brosse la cervelle,
« qu'on vous récure l'estomac, les poumons
« ou le foie ; qu'on taille, qu'on rogne,
« qu'on broie, qu'on coud dans votre chair
« palpitante et saignante sans que vous
« éprouviez d'autre sensation que celle d'une
« douce fraîcheur au passage de l'acier.

« Dites-lui qu'on a apprivoisé les maladies

« elles-mêmes au point de les forcer à réparer
« leurs propres dommages et que pour
« paralyser l'ennemi, la thérapeutique mo-
« derne n'a rien trouvé de mieux que de le
« baptiser vaccin et de l'introduire dans la
« place.

« Montrez-lui la Tour Eiffel, le palais des
« machines, les ateliers du Creuzot, la ligne
« des boulevards illuminée à giorno..... mais
« je m'arrête ; le peu que j'ai cité suffirait
« déjà, si l'on n'y mettait des ménagements,
« à faire éclater de trop plein son pauvre
« cerveau, fût-il, comme il m'a plu de le
« supposer, un cerveau à l'épreuve (1).

Hélas ! quel triste revers de médaille
apparaît en regard de l'exposé satisfait de
cette science orgueilleuse et matérialiste :
pendant qu'elle s'évertue à lutter contre les
bacilles, les microbes et les virus de toute

(1) Émile GAUTIER, *Revue Universelle des Inventions
Nouvelles*, 5 janvier 1897.

espèce pour conserver la vie à ceux qui la veulent retenir à tout prix, ne voyons-nous pas des jeunes, des forts, en possession de la plénitude de cette vie précieuse, la déserter, et faire au Créateur la suprême injure de refuser ce bien inappréciable, en tranchant par le suicide une existence que tant d'autres essaient de prolonger. Ce ne sont pas seulement des désespérés, des vaincus de la lutte quotidienne, las de souffrir et pour qui l'avenir n'a que de sombres horizons ; ce sont des enfants qui ne connaissent encore de la vie que les promesses et qui se jettent dans l'éternelle nuit quand à peine ils ont vu briller l'aurore. Jamais à aucune époque on n'avait vu les suicides d'enfants, c'est à notre fin de siècle qu'était réservé ce crime de lèse-Divinité et ce contre-sens moral de toutes les revendications, de toutes les aspirations de l'humanité. Ce n'est pas tout ; le crime dont les statistiques établissent la progression navrante, le crime qui fauche

ses victimes à quelqu'âge, à quelque condition qu'elles appartiennent, avec un cynisme
qui parfois nous glace d'épouvante, vient
apporter sa décevante compensation au
progrès de la science et répond par un rica-
nement sinistre à l'hymne triomphal que
nos savants entonnent à pleine voix.

Et que dire de ces attentats anarchistes
qui ont semé la mort en masse et dont la
menace demeure suspendue sur nos têtes ?

Qu'il serait sage de mettre une sourdine
à ces vibrants enthousiasmes des inventeurs
et des vulgarisateurs ; si la douleur peut être
endormie un instant, elle se réveille bientôt
pour reprendre tous ses droits, et si la
lumière inonde de ses clartés les produits
de l'Industrie humaine, l'obscurité oppresse
les âmes et l'humanité a des halètements qui
trahissent un malaise indéfinissable.

Vers la moitié de ce siècle, Proudhon
s'écriait : « Il n'y a pas une institution que
« l'on respecte, pas un principe qui ne soit

« nié, bafoué ; plus d'autorité ni au spirituel
« ni au temporel, partout les âmes refoulées
« dans leur moi, sans point d'appui, sans
« lumière (1). »

En somme, le XIXe siècle, né au milieu
des convulsions révolutionnaires, a marché
titubant entre les retours vers le passé et
les aspirations de l'avenir. Après avoir
égorgé la monarchie dans l'espoir d'une
liberté sans limites, il s'est courbé soumis
sous le plus inflexible des despotismes ; il a
vécu désavouant aujourd'hui ce qu'il accla-
mait hier ; brûlant ce qu'il avait adoré pour
adorer demain ce qu'il avait brûlé ; agité
de continuels tressaillements vers un ordre
de choses différent de celui qui existe ; niant
tout ce qu'il avait appris à respecter, pour
croire à tout ce qu'il ignore ; assoiffé de
liberté et ne sachant pas s'en servir ; aspirant

(1) *De la Justice dans la Révolution et dans l'Église*,
Proudhon.

à l'idéal et tombant dans le matérialisme, attiré vers le divin et rejetant Dieu, passionné pour la science et gaspillant ses découvertes ; enthousiaste de l'art et le prostituant ; poussant l'industrie à outrance et se trouvant embarrassé de l'excès de production ; s'enivrant de ses systèmes philanthropiques et restant aux prises avec le crime et le paupérisme ; ayant beaucoup détruit, peu édifié et cherchant parmi les débris du passé les matériaux de l'avenir.

« Nous avions tous fait un beau rêve ! Nés
« avec ce siècle ou aux différentes phases de
« son cours agité, nous avions jeté sur notre
« temps et sur notre patrie un regard de
« tendresse et d'orgueil. La France nous
« était apparue avec les admirables dons
« qu'elle a reçus de Dieu, assise sur deux
« mers, glorieuse dans l'univers entier et
« portant sur un sol fertile et charmant une
« population vaillante, intelligente et fière.
« Nous entrions dans la vie à un moment

« où après d'horribles évènements et des
« luttes grandioses, la paix semblait pour
« longtemps désirée et certaine : paix entre
« les nations garantie par des traités équi-
« tables; paix entre les citoyens et l'autorité
« garantie par des lois justes ; paix entre les
« hommes appelés tous à l'égalité, à la
« liberté ; paix avec Dieu, servi dans nos
« églises anciennes par un clergé rajeuni
« dans la pauvreté, l'expérience, profondé-
« ment national et parfaitement orthodoxe(1).»

« Hélas, il faut bien l'avouer aujourd'hui,
« ce beau rêve ne s'est pas réalisé ! ou plutôt
« il s'est changé en un cauchemar affreux
« qui oppresse en ce moment toutes les
« âmes. Au lieu de la paix, la guerre est
« partout ; jamais on n'a tant parlé de la
« fusion des peuples et de fraternité univer-
« selle, et l'ancien et le nouveau monde,
« l'Europe et l'Amérique ont été ou sont

(1) Mgr DUPANLOUP, *L'Athéisme et le Péril Social.*

« encore le théâtre de luttes fratricides et
« sauvages, dont les horreurs rappellent les
« guerres les plus meurtrières et les plus
« barbares.

« Dans l'ordre économique et social,
« chaque jour creuse des abîmes de plus
« en plus larges et profonds entre les diffé-
« rentes classes de citoyens ; jadis les classes
« supérieures ont été supplantées par les
« classes moyennes ; celles-ci à leur tour
« sont à la veille d'être attaquées, dépouil-
« lées et détruites par les classes inférieures.
« A l'aristocratie a succédé la bourgeoisie et
« la démocratie qui doivent bientôt céder
« la place à la démagogie.

« Dans l'ordre civil et politique, jamais
« peut-être il n'a été plus difficile de main-
« tenir l'équilibre entre l'autorité et la
« liberté. Un souffle d'indépendance a passé
« sur le monde et donné le vertige aux
« peuples qui ne veulent plus supporter
« aucun pouvoir; on ne pourra bientôt plus

« compter les régimes, les chartes, les cons-
« titutions qui se succèdent, naissent et
« meurent sous nos yeux comme les saisons.
« Chaque année nous pouvons dire : le prin-
« temps prochain nous donnera peut-être
« une constitution nouvelle, qui sait si elle
« ne tombera pas avec les feuilles d'au-
« tomne (1). »

Dans ce chaos d'idées et d'évènements, de
systèmes et d'aspirations, de projets et de
désillusions, une question prédominante
surgit, énigme du Sphinx proposée au siècle
qui arrive : c'est le Paupérisme.

Bien que nous n'en soyons pas arrivés, en
France, au degré lamentable où en est l'Angleterre, cette question sociale émeut toutes
les classes, tous les partis, et devient un
danger estompant sa silhouette menaçante
sur le ciel de l'avenir ; la nécessité de résoudre

(1) R. Père UBALD, *Les Trois Frances.* 1880, Palmé.

organiquement les problèmes économiques s'impose et indique la marche en avant.

« Il se fait de toutes parts, sous l'empire
« des grands bouleversements économiques
« qui ébranlent le monde, un changement
« profond, une évolution décisive ; bien
« aveugle qui ne la voit pas. (1) »

Comment se manifestera cette évolution ? Viendra-t-elle comme un torrent dévastateur, passant par-dessus les digues, brisant tous les obstacles, balayant tout ce qui se trouvera sur son passage et jonchant de débris le sol ravagé ? Oui, si le christianisme et l'économie sociale ne s'entendent pour canaliser ce torrent, pour diriger et contenir sa force expansive, pour donner un écoulement normal à cette inondation dont les flots impatients grossissent chaque jour avec des grondements de tempête ; ou le christianisme ou le socialisme, voilà l'alternative inéluc-

(1) A. DE MUN.

table qui nous est posée ; nous sommes lancés à toute vitesse sur une pente rapide, le moindre obstacle peut faire dévier, d'un côté ou de l'autre, le monde détaché des vieux principes et roulant vers l'inconnu. Aux catholiques de sortir de l'inaction, de l'expectative, de prendre les devants de cette évolution dessinée depuis longtemps déjà, mais qui s'accroît tous les jours de la vitesse acquise, et d'enlever de la pente qui incline la Société vers un but de pacification, d'ordre et de morale, les pierres d'achoppement qui pourraient d'un seul choc, faire dévier à l'opposé le mouvement définitif.

« Les bruits qui montent à la surface des
« agitations contemporaines sortent des pro-
« fondeurs des couches populaires. Ce sont
« les murmures et les protestations de ceux
« qui attendent encore leur part dans la
« distribution des avantages de ce monde ;
« ils demandent qu'on la leur fasse sans
« plus tarder, ce qui est, certes, leur droit

« strict ; ou ils menacent de la prendre
« avec celle des autres, ce qui serait un
« nouveau malheur. N'est-il pas temps
« pour les catholiques de prendre position
« en face des victimes et des oppresseurs,
« et de faire intervenir dans la mêlée la lu-
« mière de leurs principes, de leurs argu-
« ments et de leurs solutions ? La question
« qui s'agite n'est-elle pas la question so-
« ciale par excellence ? C'est bien sur ce
« terrain que s'accompliront les prochaines
« transformations ; c'est donc là qu'il est
« nécessaire de s'établir, de façon à pouvoir
« préserver les peuples d'une « nouvelle
« erreur qui serait pire que la première (1). »

Examiner ce qui a été fait dans le passé
pour le soulagement de l'humanité pauvre
et souffrante ;

Ce qu'on se propose de faire dans l'avenir ;

(1) *Le XXe Siècle*, revue d'études sociales. Mai 1890.

Et ce qu'il est urgent de faire présentement;

Voilà le jalonnement de notre humble travail qui n'a pas, certes, la prétention de tracer la voie, de trancher des questions bien au-dessus de nos forces, mais qu'il nous soit permis de mêler nos accents, si faibles et si peu autorisés qu'ils soient, aux voix éloquentes qui s'élèvent de toutes parts en faveur des malheureux. Lorsqu'un incendie éclate, ce n'est pas seulement sur le lieu du sinistre qu'on appelle au secours; des avertisseurs se répandent au loin criant : au feu! afin que ceux qui sommeillent, ceux qui se divertissent, ceux qui ignorent l'évènement, quittent leur repos et leurs plaisirs pour voler au secours des incendiés; qu'on nous permette d'être de ces humbles avertisseurs; disons encore que, comme dans un incendie, on organise le secours, on établit une chaîne pour la transmission de l'élément extincteur, nous demandons à faire la chaîne, à prendre partout où nous les trouverons les idées et les forces qui peuvent être utilisées, et de les transmettre à tous ceux qui veulent aider de leur bonne volonté, la noble cause de la Justice et de la Charité.

PREMIÈRE PARTIE

CE QUI A ÉTÉ FAIT

De quelque côté qu'on porte ses regards, à quelque point de vue qu'on se place, on est obligé de reconnaître que tout ce qui a été fait jusqu'à ce jour pour le soulagement de l'humanité, a été fait ou inspiré par le christianisme. Non seulement le christianisme a pris en main la défense des pauvres, mais il les a honorés, il les a aimés, eux qui jusque-là étaient en butte aux dédains, aux mépris.

Il n'y a pas une souffrance que le christianisme n'ait essayé de soulager; pas un besoin qu'il n'ait voulu satisfaire; pas une misère qu'il n'ait cherché à conjurer, pas une douleur qu'il ne se soit efforcé de consoler, pas une injustice qu'il n'ait essayé de réparer ; pas un danger qu'il n'ait prévu ; pas un désastre qui n'ait stimulé sa bienfaisance, et les hôpitaux séculaires qui projettent leur ombre mélancolique sur nos monuments modernes attestent la sollicitude que l'Église a montré dès le commencement pour toutes les souffrances.

I. Le soin des MALADES a été une des premières préoccupations de la Société transformée par le christianisme, et la plus horrible des maladies, la lèpre, qui, autrefois, faisait reculer d'horreur et de dégoût même les plus proches parents de ceux qui en étaient atteints, n'a-t-elle pas attiré de préférence la compassion des grands cœurs. Ce ne sont pas seulement des humbles qui se sont dévoués au soulagement de cette infirmité repoussante ; saint Louis, roi de France et sainte Elisabeth, duchesse de Thuringe, ces deux illustres disciples du pauvre d'Assise, pansaient de leurs royales mains, les lépreux qui imploraient leur assistance.

L'ALIÉNATION MENTALE, cette maladie d'un autre genre, mais aussi triste que la précédente n'a-t-elle pas trouvé en saint Jean de Dieu une compassion telle, que, non content de se consacrer lui-même pendant sa vie aux malheureux en démence, il a su animer de son zèle toute une phalange de disciples qui perpétuent encore de nos jours le dévouement de leur saint fondateur à cette classe d'infortunés que, longtemps, on n'a su qu'enfermer, enchaîner et maltraiter.

Les AVEUGLES, ont trouvé en saint Louis un bienfaiteur prévoyant auquel ils doivent cet asile organisé en raison de leurs besoins spéciaux et qu'aucun vandalisme n'a osé détruire.

L'abbé de l'Epée s'est fait l'instituteur des

sourds-muets qu'il a ralliés à l'humanité intelligente dont leur infirmité les séparait.

Les vieillards délaissés et les indigents ont été recueillis dans des retraites hospitalières dès les premiers temps du christianisme et notre siècle si égoïste cependant a vu naître l'admirable abnégation des Petites Sœurs des pauvres, digne pendant de celle, un peu plus ancienne des Sœurs de Charité.

II. Est ce que de nos jours, à côté des essais socialistes qui ont échoué, nous ne voyons pas prospérer cette utile et intelligente Association de Saint-François-Xavier qui offre aux ouvriers rangés des avantages incontestables contre tous les aléas de leur vie laborieuse en leur assurant des secours pendant la maladie et le chômage, ces deux ennemis terribles qui guettent l'ouvrier.

Est-ce que la Société de Saint-Vincent

DE-PAUL n'a pas pris à tâche d'assister l'ouvrier dans tous les besoins de la vie ; n'a-t-elle pas :

Sa *Caisse des Loyers* pour secourir, au moment des échéances redoutées, ceux que la maladie, l'insuffisance du travail ont mis dans l'impossibilité d'économiser le montant du terme.

Son œuvre de l'*Avocat des pauvres*, qui fournit aide, conseils et secours aux pauvres pour la défense ou la réclamation de leurs droits, les défend devant les tribunaux s'ils sont accusés et confie leurs procès à l'assistance judiciaire après les avoir instruits préalablement.

Son œuvre des *tutelles* pour les pauvres enfants mineurs abandonnés ou confiés à de mauvaises mains.

Son *Secrétariat des pauvres* où on les aide à écrire, à rédiger leurs lettres, requêtes et pétitions, où on les seconde dans leurs démarches.

Les Bibliothèques catholiques n'ont-elles pas été établies pour satisfaire un besoin intellectuel que l'instruction développe chaque jour davantage, besoin à côté duquel se dresse un danger : la lecture est ce mets d'Esope qui est en même temps le meilleur et le pire ; autant les bonnes lectures portent au bien, à la vertu, au dévouement, à la bienfaisance, autant les mauvaises sollicitent à la débauche, à l'insubordination, au crime ; les chroniques des tribunaux nous en apportent tous les jours la preuve irrécusable. Mettre entre les mains de la jeunesse, des travailleurs intelligents, même des désœuvrés des ouvrages moraux, instructifs et sainement intéressants, n'est-ce pas une nécessité qui s'impose ? Le christianisme n'a eu garde de faillir à sa tâche dans cette mission comme dans toutes les autres.

Enfin, si on nous objecte les nus et les affamés, les pauvres errants sans feu ni lieu, nous répondrons en rappelant :

Les Vestiaires établis dans toutes les paroisses où on distribue aux pauvres les vêtements confectionnés pour eux par les dames qui se réunissent pour effectuer ce travail elles-mêmes.

L'œuvre des Vestiaires établie dans le but de venir en aide aux femmes indigentes sans ouvrage ; elles sont employées moyennant salaire à la confection des vêtements, qui sont ensuite vendus à bas prix aux malheureux.

Les Fourneaux économiques ne sont pas d'hier ; établis pour la première fois, à Paris pendant la Fronde par M. de Miramion qui distribuait ainsi plus de deux mille soupes par jour ; plus tard, l'idée fut renouvelée, l'institution en devint permanente, s'étendit aux différents quartiers de Paris et ensuite en province.

L'hôpital général de la *Salpêtrière,* fondé

par Louis XIV avait pour but de recueillir et entretenir les vagabonds et les mendiants.

L'hôpital de Bicêtre, de même fondation avait la même destination.

L'hôpital St-Gervais, fondé en 1171, donnait asile à tous les pauvres hommes et *l'hôpital Sainte-Catherine* offrait le même asile pendant le même temps à toutes les pauvres femmes; on y recevait aussi les filles qui cherchaient une condition et les personnes de province venues à Paris pour y soutenir des procès et qui n'avaient pas le moyen de se loger à l'auberge.

A côté des distributions d'aumônes, de vêtements, de nourriture, nous trouvons encore l'Association des mères de famille pour secourir les femmes en couches; les crèches, les asiles, les écoles, les ouvroirs, les orphelinats, les écoles professionnelles, les patronages d'apprentis et d'ouvriers.

L'hospitalité de nuit dont on a fait grand

bruit parmi les froids si rigoureux de ces dernières années, n'est pas une idée neuve, elle a reçu une extension nouvelle, mais il y a longtemps qu'elle est appliquée par les catholiques.

III. A côté de la charité matérielle, le christianisme ne pouvait oublier la charité morale : la dernière aumône de la sépulture, il y a pensé en instituant les Religieuses Augustines de Sainte-Catherine qui ensevelissaient les morts trouvés dans les rues, les noyés, les prisonniers qu'aucun ami, aucun parent ne réclamait.

La joie, ce bien inestimable dont les enfants pauvres sont déshérités, la charité a voulu le leur procurer et c'est pour eux que les *Arbres de Noël* ont des rameaux chargés de jouets et de friandises.

Les besoins et les misères du corps sont pénibles sans doute, mais les douleurs, les

déceptions, les désillusions n'ont-elles pas
droit à la pitié, tous les pauvres sont dignes
de compassion pour leur dénuement, mais
ceux qui ont connu l'aisance, quelquefois
même la richesse, ceux-là souffrent double-
ment de la pauvreté, c'est ce qu'on appelle
les pauvres honteux, ceux qui n'osent aller
tendre la main, solliciter la charité publique; la Société de saint Vincent de Paul
a pensé à ceux-là et ses membres sans se
rebuter vont chercher les misères qui se
cachent et leur offrir ce qu'elles n'osent demander, secours discret, aumône délicate,
protection généreuse.

Aux âmes qui souffrent, à quelque condition qu'elles appartiennent, l'Eglise offre
ses espérances divines, ses aspirations
idéales, ses mystiques harmonies, ses céré-
monies consolantes, ses divins sacrements.

Notre cœur est-il brisé par des sépara-
tions douloureuses, elle pleure avec nous,
elle prie pour nos morts, elle nous les

montre heureux dans une autre vie et nous attendant au sein de l'éternelle béatitude.

Pour les inconnus, les méconnus, les abandonnés, les oubliés, elle a des bénédictions, des prières et les consolations de son divin Evangile.

IV. Certains philosophes ont beaucoup parlé de la Justice, ils la réclament sur tous les tons et sont bien près de l'établir par la violence : le christianisme ne s'est pas contenté de prêcher la justice, il a essayé de réparer les injustices les plus criantes, c'est ainsi que l'Eglise au moyen-âge avait réclamé le droit d'asile pour ses temples, à ce moment on n'était que trop porté à se faire justice soi-même et les jugements précipités pouvaient occasionner les plus déplorables et les plus irréparables erreurs.

L'esclavage, cette injustice si étendue et si ancienne, n'a-t-elle pas trouvé de nos jours un défenseur courageux, un apôtre infatigable qui a poursuivi avec une persévérance à toute épreuve l'œuvre de l'affranchissement, Monseigneur Lavigerie ; mais avant ce valeureux champion de la liberté humaine, n'avions-nous pas eu les *Pères de la Merci* qui rachetaient les captifs tant que leurs ressources le leur permettaient, et qui, souvent, les ressources épuisées, se sont faits esclaves eux-mêmes à la place de ceux dont ils ne pouvaient payer la rançon.

V. Pour les cœurs possé'és de la charité du Christ, il ne suffit pas de se porter à tous les appels du malheur ; au rebours des égoïstes qui n'ont d'autre but que de se soustraire aux services qui peuvent leur être demandés, les chrétiens étendent continuellement leur zone d'action bienfaisante ; les maux qu'ils voient, les souffrances qui les entourent ne sauraient les absorber entièrement, les rassurer sur l'étendue suffisante de la part qu'ils ont prise à l'infortune de leurs frères ; ils pensent aux dangers lointains courus par des inconnus. A la suite des croisades les chrétiens étaient souvent maltraités par les infidèles qui cherchaient à reprendre l'offensive, les chrétiens, en nombre insuffisant pour se défendre, étaient en butte aux plus rigoureuses représailles ; leurs cris de douleur sont entendus, les Ordres de chevalerie militaire s'organisent et prennent tour à tour le rosaire ou l'épée selon qu'ils ont à défendre leurs frères ou que la paix leur laisse le temps de vaquer à la prière.

Dans les neiges éternelles des glaciers, nombre de voyageurs, souvent imprudents, parfois égarés ou surpris, périssent sans secours possibles, à des altitudes où aucun appel ne peut être entendu ; les montagnes sont inhospitalières : dans cet air raréfié, un homme bien constitué ne saurait vivre plus de dix ans, peu importe, il y a des hommes à sauver, le christianisme trouvera des sauveurs et les *Religieux du mont Saint-Bernard* y ont bâti leur monastère, pour y recevoir, y soigner les victimes de ces températures inexorables ; ils ont dressé de précieux et fidèles auxiliaires dans les chiens qui font avec eux la chasse à l'homme en danger et qui luttent avec eux contre les éléments meurtriers de ces régions inaccessibles. Cette institution toute cléricale n'a encore été ni laïcisée, ni copiée par l'assistance publique.

Mais ce n'est pas seulement sur des montagnes où peu de voyageurs s'aventurent, c'est en plein Paris, que d'autres victimes, plus nombreuses celles-là, sont tous les jours vouées à la mort : saint Vincent de Paul, ce père des pauvres, cet ami de tous les malheureux, s'est ému du sort des enfants abandonnés jetés à la rue, laissés sur les marches des Eglises, il les ramasse les emporte dans les plis de son manteau, et va les confier à ses sœurs de charité; mais le nombre est effrayant, les ressources s'épuisent, et dans un discours attendri qui restera dans toutes les mémoires, il plaide si chaleureusement la cause de ces petits que *l'hospice des Enfants trouvés* est fondé avec son tour muet et aveugle, sauvegardant la vie des enfants en voilant la honte des mères. On a remplacé le tour par un bureau où l'on exige des renseignements, des déclarations et les infanticides se multiplient.

La même inspiration évangélique a établi la *Sainte Enfance*, pour le rachat des petits Chinois: les limites de la patrie sont trop étroites pour la charité chrétienne.

Mais il n'y a malheureusement pas que cet abandon que tous peuvent voir et qui excite lui-même la compassion; il y a pire, peut-être, ce sont les enfants moralement abandonnés, exposés au vice en même temps qu'à la misère, et que la police correctionnelle voit tôt ou tard, s'asseoir au banc des accusés; la charité les a vus, leur a ouvert des refuges de préservation, ou les reprend aux prisons pour les moraliser et leur apprendre la vie d'honnêteté et de travail.

VI. — Malgré sa prévoyance, son assistance, son zèle universel, la charité ne peut empêcher tous les désastres, il y en a de toute sorte, de matériels, de sociaux, de moraux : là encore, le christianisme se fait tout à tous et répare dans la mesure du possible, ce qui peut être réparé. Est-ce l'inondation dévastatrice qui laisse sans asile et sans pain des populations désolées, les aumônes tombent généreuses et abondantes et les inondés retrouvent gite et nourriture. Est-ce l'épidémie qui sévit? la charité brave la contagion, les miasmes pestilentiels, et les malades sont soignés, les agonisants sont consolés et le viatique divin leur est apporté par les Belzunce et les Charles Borromée.

Les désastres moraux arrêteront-ils la charité? Ces filles perdues qui n'ont plus d'autre alternative que de mourir de faim ou de retourner à leurs désordres ne feront-elles pas horreur à ces saintes et chastes filles qui ont abrité dans le cloître leur jeunesse, leur beauté leurs talents; non, les anges ne craignent pas le contact des fanges, qui ne peuvent les souiller; elles tendront la main à ces créatures dévoyées, et à force de bonté, de générosité, d'indulgence, elles les feront rentrer dans la ligne du devoir et au lieu de désespérées, elles en feront des *repenties*.

Et ces hommes que la société a dû retrancher de son sein pour les mettre dans l'impossibilité de nuire à leurs semblables, seront-ils abandonnés seuls dans leur prison, à toutes les rigueurs de l'expiation? non, la religion ira les y trouver, les y consoler et les gagner quelquefois au retour vers le bien. S'ils doivent monter à l'échafaud, le ministre du Dieu de miséricorde en gravit avec eux les degrés et donne le baiser de paix à celui que les hommes ont voué à l'infamie. S'ils sont libérés après une peine limitée, qui est-ce qui leur tendra la main, au sortir de la prison pour rentrer dans la société où ils se heurteront à toutes les défiances ? encore le christianisme avec ses œuvres de protection et de travail aux libérés.

Ces mêmes libérés qui ont laissé des enfants aux prises avec la misère pendant leur détention, ont-ils eu pour aggraver leur peine, la pensée incessante des souffrances de leurs enfants ? non, car là encore la charité chrétienne a passé ; elle a pris par la main ces pauvres abandonnés et leur a ouvert l'asile de son œuvre de l'*Adoption*.

Qui donnera des protecteurs légaux et

une situation normale à ces pauvres enfan s
nés d'unions illicites et condamnés à toute
les fâcheuses conséquences de leur origine :
l'œuvre de saint François Régis dont l'objectif
est la réhabilitation des unions irrégulières.

Et les orphelins de ces révolutionnaires
qui tuent les évêques, qui ont donné la
palme du martyre aux Affre et aux Darboy,
ceux-là seront-ils abandonnés, en punition
des crimes de leurs pères ? non, sans distinction d'origine, tous les orphelins de la
Commune ont été recueillis par l'archevêque
de Paris, par le successeur des victimes, le
légataire de leur pardon et l'héritier de leur
charité. Voilà les vengeances du christianisme.

Si de cette longue nomenclature nous
passons à l'examen de ce qui a été fait en
dehors du christianisme pour le soulagement des malheureux, nous ne trouvons

guère que des copies des œuvres catholiques.
Ce sont des hôpitaux comme : *La Maternité,
La Clinique*, *L'hôpital du midi*, *La maison
Dubois*; des asiles pour la vieillesse comme :
*l'hospice des Ménages, Sainte Périne, l'hospice
Devillas, les Invalides*; ou des hôpitaux de
fondation chrétienne dont l'Etat s'est em-
paré et qu'il fait administrer par des fonc-
tionnaires rétribués, comme l'*Hôtel-Dieu,
l'hospice Cochin*, la *Salpêtrière*, *Bicêtre*, *La
Rochefoucault*.

L'hospitalité de nuit qui a ouvert à Paris
trois asiles où 400 personnes peuvent chaque
soir trouver un refuge, est exclusivement
laïque. Ceux qui ont fondé l'œuvre et la
soutiennent de leurs offrandes n'appartiennent à aucune congrégation religieuse,
mais ils appartiennent au christianisme et
l'œuvre est chrétienne: le crucifix est arboré
sur les murs de cet abri temporaire et la
prière y est dite chaque soir, non pas imposée, il est vrai, mais le respect pour ce

témoignage de foi est réclamé par un silence obligé et une posture décente.

Cette œuvre n'est que la répétition, il serait plus exact de dire la réédition, de l'œuvre des *Hospitalières de saint Augustin* qui existait dès 1171 pour les hommes, et de celles des *Catherinettes* et des *Hospitalières de saint Gervais,* pour les femmes, en 1188 ; elle avait été supprimée par la révolution sous prétexte qu'elle ouvrait un refuge à la paresse et au vagabondage ; et cependant on peut affirmer que sur 40 mille individus qui viennent réclamer l'hospitalité de nuit, un tiers au moins sont dignes d'intérêt ; leur vie est irréprochable, mais elle a été traversée d'évènements douloureux. N'aurait-elle porté secours qu'à ceux-là, l'hospitalité de nuit devrait être encouragée, car elle fait œuvre de salut. « Hé ! n'est-ce donc « rien, n'est-ce pas faire acte de sécurité « publique que d'enlever chaque année qua- « rante mille individus à bout de voie,

« affamés, irrités, aux rues de Paris où le
» crime nocturne est facile, où le délit est
« toujours à portée de la main ? (1) »

Elle est laïque aussi l'association des
Dames du Calvaire, qui recueille et soigne
particulièrement les cancérées, mais elle a
été inspirée, exécutée, elle est soutenue et
perpétuée par un esprit éminemment chrétien, je dirai plus, par la piété la plus
fervente : des femmes du monde, qui s'arra-
chent à la vie heureuse et calme dont elles
jouissent, pour aller chaque jour s'asseoir
au chevet des agonisantes et panser les
plaies les plus hideuses, et qui reviennent
ensuite, sereines et souriantes, reprendre
leur place au foyer de famille, si elles ne
portent pas un costume religieux, elles sont
du moins, animées du même sentiment pro-

(1) M. DU CAMP. *La Charité privée à Paris.* — Hachette
1885.

fond de la Foi, qui leur montre dans les infortunées qu'elles soulagent, le Christ souffrant pour la rédemption de l'humanité.

On ne saurait non plus apercevoir de costume religieux à cette armée toujours prête pour les combats de la Charité et qu'on nomme le *Tiers-Ordre de saint François d'Assise*, franc-maçonnerie de la piété et de l'abnégation, qu'on accuse d'avoir envahi toutes les classes de la société ; puisse-t-elle l'absorber un jour tout entière, cette conjuration héroïque qui s'inspire de tous les dévouements, est prête à tous les sacrifices et familière avec les plus sublimes vertus du cloître; la charité a là, dans cette phalange toujours disposée à toutes les mobilisations, toutes les ressources, toutes les aptitudes, et toutes les bonnes volontés; il suffit d'indiquer le but pour que les efforts soient tentés immédiatement et si quelques soldats succombent, d'autres surgissent pour les remplacer et prouver à notre siècle, sceptique et impie, que les œuvres de la foi et de la charité ne périssent pas.

La société dite *philantropique* a fondé à Paris, toujours sous l'empire de l'idée chrétienne, onze dispensaires d'adultes; 12 à 15 cents malades y sont traités gratuitement ; on y donne environ quatre mille consultations. Un seul dispensaire d'enfants était ouvert en 1885, mais l'œuvre, encouragée par le bien qu'a produit le premier essai n'attend que l'occasion et la facilité d'en ouvrir d'autres. Malgré le nombre de maisons secourables qui accueillent les pauvres petits sans mère, sans pain et sans abri, on ne saurait trop multiplier les orphelinats où on les reçoit, les dispensaires où on les guérit ; « il n'y aura jamais assez de « places, assez de secours, assez de mater- « nités pour eux. Il y en a tant qui « souffrent, qui vaguent à travers les rues, « qui volent pour vivre, dès l'âge de 5 à 6

« ans, qui, faute d'un peu d'aide, *tournent*
« *mal*; qui auraient fait de braves gens si on
« les eut soutenus en temps opportun,
« que le premier devoir de la charité est
« regarder de vers eux. »

(M. DU CAMP).

Il n'y a pas de spectacle plus navrant que celui d'un enfant maltraité. Lorsque la force brutale et l'autorité paternelle s'exercent sur un enfant pour lui imposer un travail au-dessus de ses forces, nous protestons tous avec indignation. Si le pauvre petit est battu, torturé, privé des choses les plus indispensables à la vie par ceux qui devraient le couvrir de caresses et ne le laisser manquer de rien, les larmes nous viennent aux yeux et nous faisons appel à la pitié des âmes généreuses.

Depuis quelques années, à Paris surtout, plusieurs sociétés se sont constituées pour secourir et sauver tous les enfants que menacent sans cesse la négligence coupable ou les mauvais traitements de leurs parents. Je ne connais pas d'œuvre plus féconde et plus humanitaire. Songez bien qu'un enfant que vous arrachez des mains d'un père ou d'une mère indigne et à qui vous assurez le pain, la protection et l'instruction, est une victime que vous arrachez à la souffrance, à la douleur, à la mort peut-être.

Prendre la défense de l'enfant, c'est prendre la défense de l'humanité. Tendre la main à ces petits qu'on martyrise et qu'on expose comme à plaisir à tous les dangers ; mettre sous sa protection ces êtres sans défense, sur lesquels des parents infâmes exercent tous leurs droits sans remplir jamais aucun de leurs devoirs envers eux ; soulager leurs misères, panser leurs blessures, les sortir de l'ombre où ils végètent et s'étiolent, pour les placer dans la lumière où ils grandiront, c'est là œuvre essentiellement humanitaire à laquelle tous les hommes de cœur devraient s'attacher.

A Paris, deux sociétés ont obtenu déjà d'excellents résultats dans l'entreprise du sauvetage de l'enfance. L'une, le *Patronage de l'enfance et de l'adolescence* dont le siège est rue de Lille, 1, s'intéresse surtout aux enfants qui sont en danger moral. Elle se propose de maintenir dans la bonne voie ou de ramener au bien les enfants, garçons ou filles, qui, pour des causes dépendant ou non de la volonté de leurs parents ou tuteurs, se laissent entraîner ou risquent d'être entraînés au vagabondage, au vol ou à la débauche.

Ces enfants en danger moral, vous les rencontrez partout. Ce sont ceux que leurs parents ne peuvent surveiller, parce qu'ils travaillent hors de chez eux du matin au soir, ou qu'ils sont malades et infirmes ; ce sont tous ceux qui mendient dans la rue et qui sont sans parents, sans soutiens. La société de patronage met ces enfants à l'école, ou en apprentissage, ou dans une école du gouvernement, et elle veille sur eux comme nous veillons sur nos enfants.

Ce sont ses « pupilles ». Elle s'intéresse à leur santé, à leurs progrès, à leurs dispositions naturelles, pour diriger leurs études et en faire des hommes instruits et robustes.

Une autre société qui a déjà soulagé bien des misères, c'est l'*Union française pour le sauvetage de l'Enfance*. Cette association fut fondée à Paris, en 1887, à la suite d'un émouvant appel publié sous le titre de *Sauvetage de l'enfance*, par Mme de Barrau et Mme Kergomard, qui fut reproduit par tous les journaux.

Cette Société a pour but de rechercher, de signaler à qui de droit, ou de recueillir les enfants maltraités ou moralement abandonnés et les enfants que la misère expose à des périls pires que l'abandon. Inutile de dire qu'elle sert les intérêts de l'enfance, comme celle dont nous avons déjà parlé, sans distinction d'origine ni d'opinion. L'*Union française*, au surplus, n'est point une œuvre particulière et exclusive ; elle veut et peut servir d'auxiliaire à toutes les œuvres déjà existantes.

Les enfants dont elle a pris la charge, elle les place soit dans des maisons ou institutions de bienfaisance, soit chez des patrons en vue de leur apprentissage, soit chez d'autres particuliers. Dès à présent, elle a accepté la mission d'élever plus de 130 enfants dans ces conditions ; ce chiffre ne représente pas la dixième partie des besoins qui lui sont signalés (1).

(1) *Petit Journal*, 31 janvier 1891.

« L'*Assistance publique* est une institution
« sociale, elle fait œuvre de charité, personne
« n'en doute, mais elle fait surtout œuvre de salut
« public en recueillant les malades, en internant
« les fous, en accordant l'hospitalité aux infirmes,
« en adoptant les enfants abandonnés, en distri-
« buant des subsides aux indigents que la misère
« ou la paresse poussent à la mendicité dans les
« rues. Que sont les millions qu'elle dépense en
« regard des périls que créerait à la sécurité de
« Paris les trois cent cinquante mille individus
« qu'elle secourt tous les ans. Le jour où l'*Assis-*
« *tance publique* disparaîtrait, les trottoirs seraient
« envahis par les infirmes, les maladies épidé-
« miques s'empareraient de la ville, l'infanticide
« étranglerait les nouveaux-nés illégitimes et
« l'émeute enfoncerait la porte des boulangers.
« En ne marchandant pas trop les ressources de
« sa bienfaisance, la ville de Paris protège les
« misérables et se protège elle-même. L'acte est
« bon, mais il est inspiré par la prudence et par
« le souci de la conservation personnelle. Le
« budget de l'*Assistance publique*, qui paraît con-

« sidérable, est modique et insuffisant, quand on
« le compare à la multiplicité des besoins aux-
« quels il doit répondre. Tel qu'il est néanmoins,
« il représente un instrument de préservation ;
« c'est le gateau de miel, il ne rassasie pas Cer-
« bère, il l'apaise.

« Pour l'Etat, l'*Assistance publique* est une obli-
« gation inscrite dans la loi et à laquelle il ne peut
« se soustraire : Pour la Foi, la charité, qui soulage
« les misères de ce bas monde et entr'ouvre les
« horizons de la vie future, est le plus poignant
« des besoins et une jouissance ineffable. En ce
« temps d'égalité politique et d'inégalité sociale,
« la charité est la soupape de sûreté de notre civi-
« lisation ; attaquer la religion qui la provoque,
« supprimer les associations qui l'exercent, c'est
« faire un pas vers la barbarie ; on prétend que la
« morale suffit, je n'en crois rien, et je suis de
« l'avis de Rivarol : la morale sans religion, c'est
« la justice sans tribunaux (1). »

L'*assistance publique* est l'expression de la

______

(1) M. DU CAMP. *La Charité privée à Paris.*

charité *légale*, de cette charité qu'un économiste dis:ingué (Léon Say, discours à l'Académie à l'occasion de la distribution des prix de vertu) accusait d'entretenir le paupérisme et l'abaissement moral de la classe nombreuse des indigents. Il est bien vrai que les distributions générales de secours faites administrativement par des employés salariés donnent lieu aux plus regrettables abus et sont parfois une prime d'encouragement à l'inconduite; il est évident que la charité privée est de beaucoup préférable, et quoique nous n'ayons pas la prétention d'affirmer qu'il ne s'y glisse jamais d'abus, la proportion n'est pas la même, il y a bien à faire à la sécurité publique la part du feu ; les personnes qui font la charité par elles-mêmes, qui montent dans les mansardes et les taudis et s'assurent *de visu* de l'opportunité de leurs aumônes avoueront toutes qu'elles ont souvent été *refaites;* c'est du reste le propre des bons cœurs et des natures droites de se laisser facilement tromper, il n'y a qu'une longue pratique de la charité qui puisse donner ce coup d'œil sûr et cette possession de soi-même qui permet de résister aux quémandeurs pour ne donner qu'aux malheureux.

Outre l'inconvénient du mauvais placement des secours matériels, l'Assistance publique sera toujours nécessairement inhabile aux secours moraux, ce ne se sont pas des administrateurs qui pourront donner des consolations et des conseils, et les hommes de cœur et d'intelligence qui ont souvent fait partie de cette administration l'ont si bien compris qu'ils ont souvent demandé le concours des œuvres catholiques comme celles de l'*Hospitalité du travail* et des *apprentis d'Auteuil.*

Enfin comme rien n'est éloquent et indiscutable comme les chiffres, disons que l'Assistance publique jette chaque année en apaisement à la misère une somme d'environ quarante millions, tandis que la bienfaisance privée, connue, fournit aux œuvres de toute espèce un budget qui oscille entre 70 et 80 millions.

En attendant que les progrès réalisés, en théorie, par les adeptes de certaines écoles socialistes, soient passés dans la pratique, la question de l'Assistance publique mérite qu'on l'étudie de très près. Les secours distribués aux indigents, l'assistance donnée aux enfants et aux vieillards, les soins accordés aux malades, dans les hôpitaux ou à leur domicile, forment une série de problèmes compliqués dont on est loin d'avoir trouvé la solution vraiment rationnelle.

Il faut néanmoins rendre justice aux efforts des philantropes éclairés qui se sont voués à cette tâche ingrate et difficile de soulager la misère. Ils ont obtenu des résultats partiels qui ne sont pas à dédaigner. La charité s'exerce aujourd'hui d'une façon efficace et intelligente dans la plupart des cas. Et, si malheureusement elle est quelquefois impuissante, c'est que le nombre des misérables à secourir semble s'accroître chaque jour ; les bienfaiteurs découragés reculent devant ce flot sans cesse grossissant, comme le grenadier de Waterloo devant la multitude d'ennemis surgissant de toutes parts, et leur abattement se traduit par la même expression qui leur monte aux lèvres : « Ils sont trop ! »

A Paris surtout, où la population ouvrière est si dense dans certains quartiers, le rôle de l'Assistance publique a une importance tellement exceptionnelle qu'il lui arrive parfois de ne pas être à la hauteur de sa tâche. Elle est souvent débordée ; mais à qui la faute ? Est-ce à la pénurie de son budget ? Est-ce à son organisation défectueuse ? Ou bien, est-ce à la multiplicité toujours croissante des besoins auxquels elle doit satisfaire ? Il y a un peu de tout cela.

De leur naissance à l'âge d'un an les enfants illégitimes meurent, en France, dans la proportion de cinquante à soixante pour cent.

De un an jusqu'à l'âge d'adolescence la mortalité est trois fois plus considérable que chez les enfants légitimes ; et de seize à vingt et un ans les infortunés qui ont survécu deviennent des criminels de plus en plus nombreux ; depuis un demi-siècle, le nombre des prévenus jeunes garçons a quadruplé et celui des jeunes prévenues a triplé.

Une statistique vient d'établir que les mineurs de quinze à vingt ans forment les deux tiers du contingent d'individus arrêtés annuellement à Paris.

Qu'on ajoute ce chiffre au chiffre de mortalité ci-dessus constaté on sera épouvanté, car cette armée de criminels se recrute autant parmi les enfants nés légitimes que parmi les autres ; ce sont les abandonnés, moralement, dit-on.

Sur neuf mille jeunes gens, internés à la suite de délits, en 1881, sept mille sept cents avaient une filiation légitime ; le nombre des enfants naturels n'est moindre que parce qu'on les laisse périr, ainsi qu'il est établi plus haut.

Au mois de juillet 1889 a été votée la loi Rousselle, qui régularise, en quelque sorte, les efforts tentés par l'Assistance publique pour venir en aide à ces infortunés et essayer d'en faire des hommes.

Les assistés, les secourus et les abandonnés s'élevaient, l'année dernière, au nombre de quarante-six mille.

L'Assistance publique fait ce qu'elle peut; elle a fondé une école d'horticulture à Villepreux, qui est considérée comme un modèle d'établissement de ce genre, ainsi que l'École d'Alembert à Montrevrain; elle s'efforce d'apprendre un métier à ses pensionnaires, de les placer en apprentissage ou dans des écoles professionnelles ; elle est animée des meilleures intentions; mais, il le faut reconnaître, elle est impuissante à conjurer le fléau.

Pour accomplir cette grande tâche de l'éducation par le travail, il importe que la charité privée lui vienne en aide.

Que l'on grossisse le budget de l'Assistance publique, nul n'y trouvera à redire, mais à côté de cette œuvre de salut, en quelque sorte officielle, il en est d'autres auxquelles nous voudrions que tous les gens de bien s'intéressassent.

Celle qui a donné jusqu'à présent les résultats les meilleurs, les plus probants, est la Société générale de protection pour l'enfance abandonnée ou coupable, société autorisée il y a dix ans et dont M. Georges Bonjean est le président, le promoteur, le bienfaiteur, l'âme.

Quelques chiffres donneront une idée de l'importance des services rendus.

En 1883, le nombre des enfants sur lesquels s'étendait la protection de l'œuvre était de sept cents; il s'élevait à plus de quatre mille l'année dernière.

Et quels enfants ont été ainsi recueillis?

C'est ce qu'on pourrait appeler le rebut des abandonnés : les infirmes, les estropiés, les insoumis, les vicieux, les voleurs, ceux qui se moquaient de toutes les leçons, lassaient toutes les patiences, pour qui l'horrible maison de correction semblait le seul refuge possible, en un mot l'écume, le résidu de l'espèce.

Eh bien, toutes ces mauvaises graines, on les améliore par une sage culture, par des soins incessants, par la douceur des traitements, par le développement de la dignité humaine, et, résultat surprenant, chose merveilleuse, de tous ces pervers, de tous ces misérables voués au mal, proie des prisons, on fait de jeunes hommes vigoureux de corps, sains d'esprit, ayant souci de leur réhabilitation et sachant pratiquer leur devoir après qu'on le leur a bien enseigné.

Cette œuvre de salut social, de salut physique et moral, nous la signalons parce qu'elle doit être encouragée, imitée, et parce qu'elle doit servir d'exemple à nos administrations publiques.

Celles-ci, sans nul doute, nous le répétons, font ce qu'elles peuvent, mais elles usent encore, selon la tradition, de procédés de répression, de mesures de rigueur qui, en pareils cas, ne donnent que de mauvais résultats.

Elles ne s'efforcent pas assez de se substituer à la famille absente; elles agissent trop administrativement pour être animées du même zèle charitable, du même amour, de la même passion pour le bien.

En outre, leurs ressources sont insuffisantes, notamment dans les écoles d'agriculture, pour mettre l'enfant en complète possession de son métier; elles ne peuvent pas surveiller les patrons d'apprentissage, elles sont contraintes de se désintéresser trop vite, d'abandonner trop rapidement à eux-mêmes les adolescents qui au moment de devenir des hommes, se trouvent en proie aux tentations naturelles, à des périls nouveaux et qui, sans tutelle, sont exposés, pour ainsi dire, à une renaissance de leurs mauvais instincts.

C'est en continuant de les protéger que la Société de l'enfance abandonnée ou coupable donne à nos institutions d'Etat l'exemple le plus utile.

Ses enfants sont patronnés après leur sortie des établissements d'éducation morale et professionelle.

La tâche n'est point considérée comme terminée après qu'ils ont appris un état, et c'est ainsi, à l'aide de cette vigilance qui se continue, que tous deviennent honnêtes et utiles, que quelques-uns même, les plus intelligents, conquièrent des situations brillantes.

Les pupilles incorporés dans les armées de terre ou de mer savent que l'asile familial leur est ouvert pendant leurs loisirs, qu'ils peuvent revenir, certains d'y être bien accueillis, à la maison mère, lorsque des campagnes, comme celle du Tonkin, par exemple, les ont fatigués, et ont rendu nécessaire un congé de convalescence.

De la sorte ils se rétablissent, se retrempent, se

fortifient par de bons et affectueux conseils manquant fatalement à ceux qui, sortant des asiles de l'Assistance, se trouvent trop tôt et de nouveau abandonnés à eux-mêmes.

De tels enseignements, de semblables preuves de la possibilité de la culture humaine, commencent à porter leurs fruits.

La Société dont nous parlons ayant fondé, depuis quelques années déjà, des entreprises de colonisation en Algérie et en Tunisie, il s'en fonde d'autres à côté.

La Société internationale d'assistance que préside le docteur Rousselle, sénateur, vient d'émettre une idée pratique dont M. Thulié s'est fait l'interprète.

Il s'agit d'organiser, en Algérie, une école professionelle agricole semblable à celle qu'on est en train d'instituer dans le département de la Seine, au profit des enfants abandonnés.

L'enfant sortant de cette école doit être mis en possession d'un terrain en valeur et deviendra un colon.

Là où l'on est bien, là est la patrie, disaient les anciens; le pays qui permet à ses enfants de vivre avec leur travail est le seul pays que les enfants puissent aimer.

Sans doute il y a des misères qui semblent plus pressées à secourir; il importe à cette heure de donner un abri, du pain et du feu aux innombrables victimes de cet hiver terrible.

Mais est-ce que vous ne concluez point que cette armée de grelottants et d'affamés serait considérablement moins nombreuse si, il y a vingt ans, on avait songé à mettre de bons outils de travail dans la main de ces infortunés.

Nous affirmons, nous, qu'il y faut penser aujourd'hui, pour dans vingt ans; que tout homme de cœur a le devoir étroit de s'associer à quelqu'une de ces sociétés ayant en vue le salut des enfants, et dont celle que nous avons citée est en ce moment la plus parfaite.

Qu'on en fonde d'autres à côté, qu'on marche sur ses traces, qu'on stimule ainsi le zèle de l'Etat!

THOMAS GRIMM (1).

(1) *Petit Journal,* 12 novembre 1890 et 16 février 1891.

DEUXIÈME PARTIE

CE QU'ON VEUT FAIRE

Le paupérisme est cette maladie sociale engendrée par l'industrialisme à outrance et le capitalisme monopolisateur ; elle est aggravée par la concurrence qui produit l'abaissement des salaires, et envenimée par l'irréligion et les vices que favorisent les grandes agglomérations et l'absence d'idée morale. C'est le mal du siècle et la conséquence de notre organisation sociale, impuissante à protéger le libre contrat du travail et qui fait de la classe ouvrière une population d'esclaves dans un état libre.

Les siècles antérieurs ont connu la pauvreté, mais sévissant temporairement par suite de catastrophes, tantôt dans un endroit, tantôt dans un autre, ou individuellement par suite d'accidents particuliers ; jamais il n'y avait eu toute une classe d'individus, et la plus nombreuse, se débattant contre l'impossibilité d'assurer sa vie matérielle, et notre fin de siècle, caractérisé par cette lutte, a dû, pour l'exprimer, emprunter à la nation où le paupérisme a produit les résultats les plus dégradants, cette appellation de *strugle for life*, qui évoque dans la pensée des visions de mêlée sauvage et bestiale.

La charité ne saurait apporter un remède suffisant à un état général aussi grave. Il serait d'ailleurs injuste de mettre à la charge de la charité les maux dont le capitalisme seul a profité ; il serait tout aussi injuste de laisser subsister un tel état de choses et la société se doit à elle-même de ne pas abandonner hors le droit les masses qui représentent la majeure partie de la nation, masses contre lesquelles on a bien pensé à prendre des mesures de répression, mais qui attendent encore les mesures de protection. Les grèves qui se multiplient sont les symptômes du mal arrivant à l'état aigu ; aussi le souverain pasteur des âmes, le Pape, fait-il entendre la grande voix de l'Eglise à la société qui fait la sourde oreille, et lui dit : N'attendez pas que l'acuité du mal transforme les souffrants en révoltés.

« Eh ! mystificateurs transcendants, s'écriait
« d'autre part Proudhon, tous, tant que vous
« êtes, donnez-nous la justice et nous
« n'aurons pas besoin de votre charité ; nous
« nous passerons volontiers de vos hôpitaux,
« de vos hospices, salles d'asiles, crèches,
« cités ouvrières et de toutes vos miséri-
« cordes. »

Nous ne saurions être de cet avis ; car si la charité est insuffisante sans la justice, la justice est insuffisante sans la charité et, quel que soit notre amour de la justice, notre désir d'en voir l'avènement glorieux, d'y contribuer dans la mesure de nos forces et dans l'intégrité de notre conscience, nous croyons qu'il restera toujours à la charité un vaste champ d'action.

« La justice et l'économie, continue le
« même philosophe, doivent, non pas se
« limiter l'une l'autre, se faire de vaines
« concessions, ce qui n'aboutirait à rien qu'à
« une mutilation réciproque ; mais se péné-
« trer systématiquement, la première servant
« de formule constante à la seconde ; qu'ainsi,
« au lieu de restreindre les forces écono-
« miques dont l'exagération nous assassine,
« il faut les balancer les unes par les autres en
« vertu de ce principe peu connu et encore
« moins compris : que les contraires doi-
« vent non s'entredétruire, mais se soutenir,
« précisément parce qu'ils sont contraires. »

C'est donc de l'économie sociale d'accord avec la justice que nous attendons la théorie des réformes nécessaires, et de la conscience des peuples chrétiens que nous espérons l'aplanissement des difficultés d'application.

Ce ne sont pas les écoles et les systèmes qui manquent, depuis les anarchistes qui réclament la liquidation sociale, la dépossession violente de ceux qui possèdent en faveur de ceux qui ne possèdent pas, jusqu'aux utopistes qui rêvent encore un partage égal entre tous les citoyens de toutes les richesses de la nation. Comment la question sociale se résoudra-t-elle ? Sera-ce en nationalisant le sol et les instruments de production aux mains de l'Etat, comme le veulent les socialistes ? Sera-ce par la solution de la question ouvrière quant à la balance du capital et du travail, et la répartition des salaires ? Sera-ce par des lois protectionnistes ou libre-échangistes, par l'assurance obligatoire et les institutions de prévoyance ? Sera-ce par un ensemble de lois répressives des abus de la concurrence et une organisation corporative, comme le demandent les catholiques sociaux ? Graves questions que chacun discute selon ses vues, tous cherchant un équilibre mieux pondéré entre les droits et les devoirs.

Le but sera-t-il atteint d'un seul coup ? Il est permis d'en douter ; étant donné l'état de décomposition où se trouve la société et la réorganisation de fond en comble que nécessite cette décomposition, il est probable qu'il faudra passer par plusieurs situations transitoires avant d'arriver à cette perfection qui est le desideratum de chacun ; de la théorie à l'application, il y a toujours des coins inexplorés qui amènent des déceptions. Quand les grandes lignes du concept social seront esquissées dans la pratique, il y aura certainement des erreurs de perspective à redresser et bien des coups de pinceau à donner pour produire le relief à point de chaque plan et de chaque figure ; mais alors, espérons-le, des hommes compétents et habiles dans chaque spécialité, surgiront pour parfaire un ensemble dont les proportions constitutives, étant justes, ne présenteront que des incorrections de détail faciles à faire disparaître.

La nécessité qui s'impose en ce moment est donc : « de donner satisfaction aux mas- « ses travailleuses qui manquent normale- « ment de la sécurité des moyens d'existence « que le travail peut et doit légitimement « procurer. » Un mouvement assez accentué se produit pour le retour au régime corporatif qui garantirait, aux ouvriers, un salaire équitable ; aux patrons, des collaborateurs fidèles ; aux consommateurs, des produits loyaux.

La liberté absolue du travail, en engendrant la concurrence acharnée, a encouragé toutes les fraudes commerciales dont les acheteurs sont victimes et tous les abus qui ont surmené l'ouvrier en même temps qu'ils l'ont démoralisé. L'accroissement du nombre des heures de travail ; l'introduction des femmes dans les usines et les ateliers et, plus tard, des enfants ; le travail de nuit : toutes ces exigences excessives, qui atteignent dans ses forces vives la population ouvrière, se sont manifestées et accrues à mesure que la concurrence s'est développée, et plus elle a été déloyale, plus elle a engendré la déloyauté. Produire à bon marché, à meilleur marché que le voisin, quels que soient les moyens : tel est aujourd'hui l'objectif de l'industrie en général.

Est-il donc étonnant que l'ouvrier s'effraie de la situation qui lui est faite et qu'il demande à la société de lui garantir un salaire suffisamment rémunérateur ?

En réclamant un salaire proportionné aux bénéfices, l'ouvrier ne réclame pas toujours la participation aux bénéfices dont l'application, grosse de difficultés, a cependant été faite avec quelque succès ; mais il demande une rétribution proportionnée à ses services et à ses besoins : l'entreprise doit fournir aux besoins des employeurs et des employés, besoins qui sont les mêmes à des degrés différents, c'est-à-dire pour chacun, selon sa situation sociale.

Mais, pourrait-on objecter, que faites-vous de la fameuse devise : Liberté, Egalité, Fraternité ?

Pour beaucoup, la Liberté c'est la licence de commettre les plus grandes extravagances et de confisquer, au profit de ses caprices, de ses intérêts et souvent de ses vices, la liberté des autres ; L'Egalité, la suppression de toute hiérarchie, de tout droit, de toute supériorité ; La Fraternité, le droit pour les paresseux et les imprévoyants de s'approprier ce que les autres ont gagné par le travail et l'économie.

Mais, dans une société raisonnable et surtout chrétienne, la Liberté ne peut être que la faculté de faire librement des actions justes et des choses honnêtes et de choisir, parmi elles, celles qui sont le plus dans nos aptitudes ou notre caractère. L'Egalité existe devant les lois divines et humaines et comporte le respect égal de droits inégaux. La Fraternité, qui est en même temps la justice, doit être corroborée par l'assistance et la charité.

Justice! Justice! c'est le cri des opprimés, c'est la définition sommaire des revendications contemporaines, c'est le besoin moral des consciences; espérons que ce sera le triomphe du siècle à venir.

La justice peut-elle se refuser à reconnaître le droit à l'existence pour tous les hommes ? Non. S'il est un droit naturel aussi bien que divin et social, c'est assurément celui-là. Tous les êtres de la création sont nés avec les conditions normales d'existence; le Créateur leur a dit : « Croissez et multipliez » ; l'homme, chef d'œuvre de la création, peut-il être mis hors cette loi ? Les hommes, en se réunissant, en s'agglomérant pour former la société, ont eu pour but de s'entr'aider, de se protéger mutuellement : la société peut-elle renier son origine et ses antécédents, chasser de son sein ceux qu'lele y a appelés, étouffer dans ses bras ceux qui viennent s'y réfugier ? Non, tous les membres de la société ont droit à l'existence et elle est obligée de leur en fournir les moyens.

Or, que faut-il à l'homme pour son existence ? La vie matérielle qui comprend la nourriture, l'abri et le vêtement ; la vie morale qui consiste dans l'instruction, les pratiques religieuses, les relations de famille et de société ; la vie sociale qui est la protection des droits de tous et l'obligation des devoirs respectifs des hommes entre eux.

La vie matérielle, c'est le travail organisé, prévoyant le chômage, ne permettant pas le surmenage, rendant par un juste salaire l'épargne possible, proscrivant la durée excessive du labeur au détriment de la santé, réglant les conditions de sa-

lubrité des mines et des usines et les précautions nécessaires dans les manipulations
dangereuses et malsaines de certaines fa-
brications, rendant ces précautions obliga-
toires pour tous les patrons, de manière à
ce qu'ils ne puissent s'y soustraire par
aucune compromission ni aucun détour ;
autrement, les conditions de la concurrence n'étant plus les mêmes, les patrons
consciencieux seraient en état d'infériorité.

La vie morale, c'est la famille, avec ses
affections, ses joies, ses dévouements, comme
aussi ses sacrifices et ses douleurs ; c'est
la religion avec ses dogmes de justice,
ses enseignements qui soutiennent, ses
espérances qui relèvent, ses miséricordes
qui consolent; c'est l'application de l'intelligence à ce qui est beau, à ce qui est grand,
à ce qui peut procurer les joies de l'esprit;
mais c'est une vie d'un ordre plus élevé
que la vie matérielle et qui ne peut se
développer que quand la première est

assurée. Si la vie matérielle, par ses difficultés, son insuffisance ou ses excès, absorbe les forces physiques, la vie morale s'en ressent dans une proportion très sensible.

La vie sociale, c'est le droit pour tous d'avoir un foyer, une famille, d'assurer à ce foyer la paix et la sécurité ; à cette famille le respect et la considération des autres ; le droit pour l'ouvrier de garder le repos du dimanche, pour le père de faire élever ses enfants selon ses croyances.

Le devoir, c'est, pour l'employeur : de payer de justes salaires, de respecter les convictions de celui qu'il emploie, de sauvegarder la morale dans la mesure de son pouvoir; pour tous : d'avoir les uns pour les autres un mutuel respect, une mutuelle bienveillance et de baser leurs actions sur ce précepte de loi naturelle : ne faire à autrui que ce qu'on voudrait qui fût fait à soi-même.

Il est incontestable que le niveau moral, dans la classe ouvrière, s'abaisse de jour en jour, j'entends dans cette classe attachée aux usines, aux fabriques, aux mines, car les ouvriers indépendants ont un sort incomparablement plus heureux. Quelle est la cause de cet abaissement? L'irréligion d'abord et l'organisation actuelle du travail.

L'irréligion ! Cette assertion est évidente, les faits sont là pour l'appuyer. Qu'on compare les ouvriers vraiment chrétiens avec ceux qui ont rejeté toute croyance religieuse : est-ce que les premiers offrent, même dans le dénuement le plus complet, l'aspect d'avilissement moral et de misère repoussante si pénible à constater chez les seconds? Sans doute la pauvreté s'assied au foyer des uns et des autres ; mais, du moins, les vices dégradants n'enlèvent pas aux travailleurs chrétiens la dignité et la résignation. S'ils se plaignent, s'ils jettent parfois de douloureuses clameurs, ils ne profèrent

pas les menaces sanguinaires, les cris de rage
et les appels à la vengeance qui transforment en énergumènes dangereux les misérables sans foi. Ah! ils sont bien coupables
ceux qui ont enlevé la foi aux pauvres et
aux souffrants, c'était le seul bien qu'il leur
restât. C'était, comme l'a dit à la tribune un
socialiste (1), « la vieille chanson qui endort
la misère »; si elle ne leur donnait pas le
pain matériel, elle leur donnait du moins
le courage de le chercher et de le gagner
par tous les moyens honnêtes; si elle ne
leur procurait pas les plaisirs et les jouissances, elle leur laissait au moins la paix et
la sérénité de la conscience; si elle ne les
empêchait pas de verser des larmes, elle en
tempérait l'amertume. Que leur a-t-on donné
à la place? Au lieu de panser et d'adoucir
leurs plaies, on les a envenimées, on les a
aigries, en entretenant dans les cœurs de

____

(1) Jaurès.

chimériques espoirs et des haines irraison-
nées ; sous prétexte d'émanciper, d'éclairer
le prolétaire, on lui a même enlevé toutes
ses convictions ; on lui a montré tous les
trucs, tous les dessous du jeu, toutes les
coulisses ; on lui a tout analysé, tout dissé-
qué, et ce qui pouvait seul résister à l'analyse
et à la dissection et le soutenir dans ses labeurs
et ses désespérances : la Religion, on la lui
a calomniée, défigurée et, la travestissant
d'oripeaux hideux, on lui a dit : « Le christianisme, voilà l'ennemi. »

Le Positivisme glacial et le Saint-Simo-
nisme charnel n'ont pas donné satisfaction
aux âmes : « Dans le christianisme, après
« tout, l'homme déchu n'étant châtié que
« dans cette vie mortelle, le prolétariat, le
« travail servile, le paupérisme, n'étant que
« des accidents de la fatalité, que le jugement
« de Dieu faisait tourner à l'expiation des
« âmes, la meilleure partie de nous-mêmes
« restait intacte et dans une certaine mesure

« inviolable; jamais il n'entra dans la pensée
« chrétienne que les âmes fussent inégales
« en droits; au contraire, il est de principe
« que tous sont égaux en Christ et devant
« Dieu. Le prêtre, ne jugeant point les
« âmes, ne classe pas les vivants selon leurs
« capacités; il se borne à accepter comme
« manifestation providentielle le hasard de la
« naissance et des positions sociales et
« impose en conséquence : au riche, la cha-
« rité; au pauvre, la résignation » (1).

L'abaissement du niveau moral tient aussi
à l'organisation du travail telle qu'elle est. Il
faut manger : le salaire de l'ouvrier est insuffisant; il faut que la femme, elle aussi, aille
à l'atelier : le travail qu'elle pouvait faire
chez elle, devenant de plus en plus inter-
mittent et de moins en moins rétribué, alors,
s'il n'y a pas à la maison une mère, une

____

(1) Proudhon, *De la Justice dans la Révolution.*

sœur qui soigne les enfants, qui prépare les repas de ceux qui arrivent exténués de l'atelier, qu'est la vie de l'ouvrier? Celle d'un forçat, avec les inquiétudes de l'avenir en plus. Mais il y a pis encore, dans les moments de presse, le travail du jour ne pouvant suffire, il faudra travailler la nuit; le père, la mère ne rentrent pas au logis; s'il y a des enfants, que deviennent-ils? Les enfants! il y en a un qui commence à grandir: il pourrait, en l'absence des parents, protéger ses frères et sœurs plus jeunes que lui....; mais, il mange aussi, alors qu'il vienne à l'atelier, il y a des travaux qu'il peut faire; il n'aura plus ni air ni soleil, ni exercice, ni instruction, il entendra de mauvais propos, un langage obscène: n'importe, il faut vivre, il faut manger.

Mais cette famille désagrégée par cette lutte pour la vie, pourra-t-elle, au moins une fois, la semaine, se réunir, se reposer, se donner de mutuels témoignages d'affection? Non,

on mange le dimanche comme les autres jours, on travaillera le dimanche, souvent, quand on pourra, tant qu'on pourra, tant que l'homme, transformé en bête de somme, ne succombera pas comme elle sous le fardeau. « Quand la vie est déshonorée, com-
« ment le travail resterait-il en honneur ?
« Et quand le travail tue, comment l'aber-
« ration de la vie ne triompherait-elle pas ?
« Or, s'il est un fait indéniable, c'est que
« l'industrialisme contemporain est meur-
« trier ; la société d'aujourd'hui est donc
« homicide dans ses moëlles et c'est elle
« qui viole au premier chef le commande-
« ment : *Non occides*. Que dire d'un état
« social dans lequel, non seulement les
« saines coutumes et la juste notion des
« soins, de la sollicitude, du souci pater-
« nellement exercé, d'employeurs à em-
« ployés, sont effacées, mais encore d'un état
« social dans lequel la classe des employés,
« dont le nombre va toujours croissant, ne

« pouvant plus respirer l'air de la maison
« patronale sous les hangards ou dans les
« cavernes de leurs chantiers, n'ont plus même
« la possibilité de songer à soigner, pour eux-
« mêmes, le propre foyer de leur modeste
« existence, et d'avoir une cabane heureuse
« à côté du palais égoïste dont leur travail
« quotidien, ininterrompu, surmené, a
« amoncelé les marbres et les ors » (1).

Loin de nous la pensée de vouloir transformer les travailleurs en ouvriers amá-
teurs, leurs femmes en rentières, et de
pretendre que leurs enfants ne doivent faire
autre chose que jouer du matin au soir, ou
dormir au soleil comme les lazzaroni. Nous
nous plaignons, au contraire, qu'en général,
les femmes des pauvres gens sont de mauvaises ménagères, ne sachant pas tirer parti
de leurs maigres ressources et ajoutant sou-

(1) XXᵉ Siècle, tome I, nᵒˢ 7 et 8, Novembre-Décembre
1892, p. 577.

vent par leur incurie ou leur inhabilité, au mauvais régime de la famille ; que les enfants sont trop abandonnés à leurs caprices de flânerie ou de vagabondage, au lieu d'être habitués, dès la jeunesse à se rendre utiles à leurs parents par une coopération en rapport avec leur âge, leurs forces et leur intelligence. Mais employer l'enfant à de petits travaux de ménage ou l'enfermer dans une fabrique pour un travail soutenu pendant toute la journée, c'est lui faire une existence bien différente : tandis que l'une développera en même temps ses forces, son intelligence et même son cœur, l'autre atrophiera ses facultés vitales et intellectuelles. Que l'enfant travaille dès la jeunesse ; que la femme travaille pour ajouter au gain du père de famille ; mais que ce travail ne flétrisse pas physiquement et moralement l'enfant avant l'épanouissement de son être et n'arrache pas la femme au mari et la mère aux enfants. Si l'ouvrière, femme d'ouvrier, est mauvaise ménagère, la cause en est beaucoup à ce travail d'atelier, presque machinal, toujours le même, qui n'applique pas les différentes facultés intellectuelles et qui ne laisse plus ni temps ni forces pour les travaux de la famille.

La parole éloquente, irrésistible d'un illustre défenseur de la classe ouvrière (1) semblait avoir conquis à la femme l'affranchissement de cette exigence inhumaine qui s'appelle le travail de nuit ; le sympathique orateur avait persuadé même ses contradicteurs les plus opiniâtres, mais le vote du Sénat a mis à néant ce succès prématurément escompté ; les économistes se demandaient avec une certaine anxiété par quel moyen on remplacerait dans la famille le surcroît de salaire représenté par le travail de nuit de la femme : ils s'inquiètent

(1) M. le comte A. DE MUN, discours prononcé à la Chambre des députés, le 2 février 1891.

encore bien davantage de la proposition, émise déjà plusieurs fois, d'interdire l'atelier aux femmes, surtout aux femmes mariées.

Les statistiques établissent que la somme des salaires payés annuellement aux femmes, en France, atteint deux milliards et demi, c'est-à-dire 3o o|o du total des salaires payés à toute la classe ouvrière. Il est vrai que ces sommes énormes ne sont pas toutes gagnées en dehors de la maison paternelle ou de la maison conjugale : beaucoup de couturières, de repasseuses, d'ouvrières d'agriculture travaillent chez elles ; c'est là un élément dont il y a, sans doute lieu de tenir compte. Cependant, il ne s'agit, dans le relevé ci-dessus, que de salaires, gages ou traitements ; les profits restent en dehors. Les sommes que la femme française est obligée de gagner hors de chez elle ne sont donc certainement pas inférieures à deux milliards. Comment ces gains seront-ils remplacés dans la famille ? et comment les ouvrières seront-elle remplacées dans les ateliers? Double problème qui ne laisse pas que d'embarrasser les économistes et qui ne pourrait être résolu qu'après bien des tâtonnements et de nombreux essais. Toutefois il nous semble excessif d'admettre qu'il n'y ait pas d'autre solution à la seconde partie du problème que l'appel aux travailleurs étrangers, qui font à nos ouvriers nationaux une si regrettable concurrence. Comment! on se plaint du chômage, les salaires baissent parce qu'il se présente dix ouvriers quand on en demande un : et on prétend que la France n'en fournit pas un nombre suffisant ; que si le travail des femmes dans les ateliers est interdit par la loi ou les mœurs, on sera obligé d'augmenter encore l'accroissement continu de ces contingents belges, allemands, suisses, italiens, qui déjà envahissent nos usines? Mais, dans les villes, on est assailli de mendiants qui se disent sans ouvrage ; les routes des villages sont sillonnées de voyageurs soi-disant en quête d'emploi ; la porte des chaumières comme celle des châteaux est assiégée de gens valides qui demandent l'aumône, parce que, disent-ils, ils ne trouvent pas de travail : et on craint de manquer d'ouvriers ! Que beaucoup de ces ambulants soient des paresseux et que leur prétendue recherche d'ouvrage soit une feinte pour vivre aux dépens de la charité publique, c'est possible, c'est même certain. Raison de plus pour qu'une organisation générale du travail enlève tout prétexte aux hommes valides pour échapper à l'obligation de travailler.

Certes, la colonisation offrirait d'immenses avantages ; les principaux seraient de desserrer les rangs de cette population si dense des grands centres et d'éloigner des milieux où le coup de main est facile, les individus pourvus de casiers judiciaires peu rassurants ; ce système aurait pour la sécurité publique l'avantage que sut réaliser autrefois Duguesclin en formant ses Grandes Compagnies, qu'il mena guerroyer en Espagne.

Quand on lit dans les chroniques des tribunaux, des cours d'assises, le récit circons-
tancié de crimes perpétrés avec une intelligence remarquable, une persévérance éton-
nante et des efforts que n'eussent pas nécessités des entreprises honnêtes, on ne peut
s'empêcher de faire cette réflexion : que, si les
criminels eussent employé dans une carrière
honorable leur activité, leurs talents, leurs
savoir, leur courage, ils fussent arrivés à une
situation enviable. Leurs facultés ont été
faussées dès le point de départ, ils ont voulu
la richesse, les jouissances, et cela sans travail, sans contrainte ; ils n'ont pas vu que la
poursuite de cet objectif les courbait dès le
commencement sous les plus dures privations
et les plus humiliantes dissimulations, leur
imposait d'horribles alternatives et d'épou-
vantables frayeurs, pour les conduire à la
suprême catastrophe, l'échafaud, sans leur
avoir laissé un moment de repos.

Seulement, pour que la vie honnête attire

ceux qui en redoutent les devoirs austères, il faut qu'il soit bien établi qu'elle ne conduit pas à mourir de faim ; il faut qu'elle soit suffisamment rémunératrice et nous arrivons ainsi à la question des salaires réclamée par la classe travailleuse ; les institutions de prévoyance seront de précieux auxiliaires, mais il faut que le gain soit assez large pour permettre l'épargne.

Il est de toute évidence que l'augmentation des salaires fera monter le prix des produits, resteindra les bénéfices des employeurs, diminuera nos chances dans la lutte avec la concurrence étrangère et pèsera sur la consommation ; que, les producteurs étant aussi consommateurs, si la consommation s'élève parallèlement aux salaires, il y aura là un cercle vicieux auquel il faut échapper. L'ouvrier n'y échappera que si l'on restreint dans de justes limites, non pas le bénéfice de l'homme qui y emploie son intelligence, ses forces et y court des risques, mais le bénéfice du capitaliste qui ne produit pas, qui ne travaille pas et qui cependant prend la plus grosse part.

Il ne nous appartient pas de résoudre des questions si ardues ; nous voulons surtout rendre ambiante cette idée des réformes sociales qui s'imposent et préparer le terrain aux applications prochaines ; car on ne peut pas se le dissimuler, il faudra que les privilégiés actuels sachent faire des sacrifices, il faudra qu'ils sachent accorder aujourd'hui ce qui serait pris de force demain. Ce n'est pas de la noblesse, qui n'existe plus qu'on attend une nouvelle nuit du 4 août, c'est de la bourgeoisie qui a pris sa place : c'est l'aristocratie d'argent qui doit maintenant abandonner ses privilèges.

Il ne manquera pas, assurément, de pessimistes pour s'écrier : Peine perdue, l'augmentation des salaires rendra la situation plus difficile pour les petites bourses et n'améliorera pas le sort de l'ouvrier ; plus il gagnera, plus il dépensera ; ce ne sera pas sa famille qui bénéficiera de l'élévation de son gain, ce sera le cabaretier. — Ne prenons pas l'exception, quelle que soit son étendue, pour la règle ; nous avons la triste conviction, la triste expérience que, le plus souvent, l'ouvrier paresseux et débauché restera paresseux et débauché : les meilleurs systèmes économiques ne rendront pas les hommes sans défauts. Mais, parce qu'un certain nombre ne voudront pas profiter des moyens qui peuvent les mettre à l'abri de la misère, faudra-t-il retirer ces moyens au plus grand nombre qui pourrait en profiter ?

Le cabaret !... oui, c'est le piège permanent tendu à l'épargne de l'ouvrier, aussi déplorons-nous que les intérêts, les nécessités budgétaires de l'Etat soient en opposition directe avec les intérêts de l'ouvrier. Les sommes énormes que rapportent les droits sur le tabac et les alcools représente la traite odieuse de la santé publique et de la moralité du peuple, l'atrophie des intelligences et la perturbation de la puissance génératrice. Pourquoi donc cette liberté illimitée des débits de boissons, — (nous devrions dire: poisons)? La concurrence provoque les falsifications qui viennent ajouter leurs propriétés délétères aux dangers des excès auxquels la fréquence des occasions provoque l'ouvrier ayant sa paye en poche.

Malheureusement il faut l'avouer, la vie de l'ouvrier, telle qu'elle lui est faite, donne prise à cette tentation si dangereuse; l'homme ne peut être attelé sans relâche à un labeur incessant ; il lui faut le repos, il lui faut le délassement, la distraction. Quels sont les délassements, quelles sont les distractions mises à la portée de l'ouvrier? Les journaux ? Ah oui ! à des prix infimes on prodigue des illustrations malsaines et une littérature immonde. Le théâtre ? D'abord il est fort cher ; et puis, qu'y verra trop souvent l'ouvrier ? des exhibitions immorales, des parodies de ce qui est beau, des travestissements dérisoires de ce qui est honnête. Puisqu'on a désappris le chemin de l'église au travailleur, il a nécessairement appris celui du cabaret, et il ne faut pas trop lui en vouloir. Examinons avant de condamner. Cet homme courbé toute la semaine sous un labeur écrasant, qui n'a tout juste que le temps de manger, trouve-t-il chez lui une nourriture suffisamment réparatrice ? Non, sa femme, qui travaille elle-même, n'a pas le temps de la préparer. Oh ! comme la poule au pot du roi populaire ferait bien dans les plans d'économie sociale ! Nécessairement la tentation attractive, suggestive, qui se produit, c'est l'absorption de tous ces produits frelatés, débités sous des noms variés, avec toute sortes d'étiquettes, qui procurent, au pauvre homme épuisé un instant de vitalité factice, d'excitation fébrile, d'illusion cérébrale, qu'il exprime parfois d'une manière si navrante en disant qu'il noie son chagrin. Comment ne succombe-rait-il pas, quand il ne parcourt pas 5o mètres sans trouver un débit quelconque, taverne, café, brasserie, débit ou comptoir; s'il résiste une fois, deux fois, il ne résis-tera pas toujours.

La multiplicité des débits de boissons est un écueil contre lequel viendront se briser toutes les tentatives de sauvetage. Non seulement elle engloutit l'épargne du père de famille et, partant, le pain de ses enfants, mais elle empoisonne la génération actuelle et prépare dans l'avenir une génération d'infirmes, d'idiots, de fous furieux qui transmettront à leur tour ces déplorables atavismes. A quoi sert d'édicter des lois contre l'ivresse, quand on autorise à tous les degrés et sous toutes les formes la solli-citation à l'ivrognerie? Ce n'est pas la prison qui sera jamais un moyen répressif sérieux, attendu qu'il est impraticable. S'il fallait mettre en prison tous les gens qu'on trouve en état d'ivresse, il faudrait bâtir des villes. Belle et avantageuse combinaison, pour un gouvernement d'avoir à loger et héberger cette aimable clientèle ! Ne vaudrait-il pas mieux fermer neuf établissements sur dix et priver pour un temps déterminé de leurs droits politiques ceux dont l'ivresse aurait été constatée un nombre certain de fois ? Ce serait un moyen tout trouvé d'épurer le suffrage universel, d'en écarter les inconscients et de couper dans la racine les abus décorés du nom de manœuvres électorales et indignes de candidats qui se respectent.

Pour nous résumer, disons qu'il y aura toujours des fainéants et des débauchés ; il y en aura d'autant plus que, sous prétexte de liberté, on lâchera la bride à toutes les passions mauvaises en leur enlevant le frein salutaire de la foi ; mais, quand la société aura fait son devoir en établissant la justice envers toutes les classes, elle ne sera pas responsable des individualités réfractaires à son action bienfaisante. Il y aura toujours des mécontents et des révoltés parce qu'il y aura toujours des esprits mal pondérés. Ceux - là que la société sera forcée d'abandonner seront encore du domaine de la charité qui ne se décourage d'aucune résistance, ne se lasse d'aucune ingratitude ; ils seront les malades de la société, qu'on traitera par des régimes exceptionnels et, certes, le christianisme en guérira, si on le laisse agir librement.

C'est donc sur le terrain de la justice que doivent se placer les réformateurs sociaux, comme aussi tous ceux que l'idée chrétienne a pénétrés et qui gémissent en constatant jusqu'à quel point l'oubli des

préceptes divins a corrompu notre société,
lui a fait perdre de vue les espérances
aussi bien que les appréhensions de la vie
future, pour le jeter dans les luttes maté-
rialistes du *strugle for life*. « Pour les
« nations comme pour l'homme, le spiri-
« tualisme c'est la vie ; le matérialisme
« c'est la mort. Donner à l'âme une exis-
« tence transitoire ; la réduire aux luttes,
« aux déceptions de la vie actuelle ; la
« faire périr en même temps que la ma-
« tière qui l'enveloppe et qu'elle illumine ;
« lui défendre d'espérer une récompense ;
« lui interdire de redouter un châtiment;
« lui promettre le néant ; la rendre infé·
« rieure aux molécules qui se transforment
« et ne disparaissent jamais : c'est chasser
« de l'homme le souffle inspirateur, c'est
« le condamner à la bestialité (1). »

Nous pouvons tous, dans une certaine

(1) MAXIME DU CAMP.

mesure, préparer l'avènement de la justice en la pratiquant rigoureusement dans tous les détails de la vie : les réformes ne se décrètent pas en un jour, il leur faut la lente assimilation par des applications partielles et successives, sans laquelle la réaction se produit et marque un temps d'arrêt, voire même un mouvement rétrograde. Un des moyens qui agiraient le plus efficacement pour combler l'abîme creusé entre les riches et les pauvres serait de diminuer le luxe, au lieu de l'accroître à l'envi, les uns des autres, avec la regrettable émulation qu'il est facile d'observer tous les jours. « Comment conserver l'es-« prit de justice et de désintéressement, « lorsque, ne voulant point mettre de « limites à son luxe, on est contraint de « n'en mettre aucune à sa fortune ; lors-« qu'on veut avant tout être riche, riche « sans se prescrire de bornes, riche en peu « de temps, parce que la vie est courte et

« qu'il faut se hâter de jouir? De là tant
« de biens mal acquis, tant de maîtres
« trompés, tant de serviteurs et d'ouvriers
« frustrés; de là tant de dettes accumulées,
« pour être ensuite éludées et contestées.
« Pour celui qui veut à tout prix s'enri-
« chir, le désintéressement sera toujours
« inconnu, les règles de l'équité toujours
« violées » (1).

Que la charité vienne comme force adju-
vante à la justice, c'est bien, croyons-nous,
le complément voulu dans le plan divin ;
mais la justice doit primer la charité et il
ne nous faut pas confondre l'une avec
l'autre. Il ne faut pas nous faire d'illusions
à cet endroit et avoir la prétention de pratiquer la charité quand nous ne sommes
que dans les limites rigoureuses de la
justice ; je dirai même que nous devons
interroger sévèrement notre conscience

____

(1) R. Père Griffet.

sur ce point, et, qui que nous soyons, quels que soient les gens que nous employons, et de quelque manière que nous les employions, nous ne devons jamais spéculer sur le besoin qu'ils ont de travailler pour vivre ou de se défaire d'une marchandise : nous ne devons pas profiter de ces circonstances pour diminuer leurs justes gains et leurs justes bénéfices.

On publie des listes de généreux donateurs, de magnifiques bienfaiteurs ; on n'en publie pas de ceux qui paient exactement leurs dettes et se font un devoir de ne pas laisser attendre aux ouvriers leurs salaires, aux marchands leurs profits. Cela se comprend : les premiers font œuvre de surérogation, tandis que les seconds ne font qu'œuvre de justice, et pourtant le nombre en est relativement restreint ; combien négligent les devoirs rigoureux de la justice pour ceux plus attrayants de la charité, qui ne doit cependant venir qu'en seconde

ligne ! « La charité est accessible à des
« esprits parfois très étroits, qu'elle prend
« par l'orgueil ; la justice demande des
« intelligences plus hautes. Si de petites
« âmes peuvent être charitables, de grandes
« âmes seules peuvent être justes. Il y
« a, en outre, dans la justice un désinté-
« ressement entier qui n'est pas toujours
« dans la charité. L'être charitable est
« béni, remercié, comparé à une providence
« terrestre, il goûte une véritable volupté
« personnelle ; l'homme juste ne goûte
« pas plus de satisfactions que celui qui
« paie ses dettes » (1).

(1) DRUMONT, *La Fin d'un Monde*.

TROISIÈME PARTIE

CE QU'IL FAUT FAIRE

Une réforme sociale ne peut s'accomplir du jour au lendemain ; on ne guérit pas instantanément une société malade par la promulgation de lois économiques, pas plus qu'on ne guérit une maladie grave en lisant une ordonnance de médecin. Il faut que les lois économiques pénètrent doucement toutes les classes ; il faut que les remèdes prescrits aient le temps de s'insinuer dans l'organisme du malade avant qu'il en ressente les effets bienfaisants ; mais aux douleurs aiguës on oppose des calmants qui, s'ils n'atteignent pas le siège même du mal, endorment momentanément les grandes souffrances, et laissent aux remèdes le temps d'opérer : notre société actuelle dans ses agitations douloureuses peut être comparée à ces malades exaspérés qui jettent les hauts cris, et le calmant qui nous semble opportun en attendant que les économistes aient trouvé le traitement efficace, c'est la charité. Oui, la charité en attendant la justice et préparant l'avènement de celle-ci : non pas cette charité légale et administrative, que nous avons signalée comme un rouage défectueux et pourtant nécessaire dans son insuffisance, mais la charité privée qui se rencontrant à tous les degrés de l'échelle sociale et dans tous les milieux, pénétrera comme une huile bienfaisante partout où il y aura des chocs à redouter ou des résistances à vaincre.

Que les partisans de la charité ne s'attristent donc pas et ne redoutent pas le règne sévère de la justice; il y aura toujours place pour la charité dans la plus satisfaisante des organisations, et les bons cœurs auront toujours des infirmités à soulager et des larmes à essuyer. Les décrets divins sont sans appel, ils ont condamné l'homme au travail, aux souffrances, à la mort ; il y aura toujours lieu, comme le dit l'Evangile, de porter les fardeaux des uns et des autres, car il y en aura toujours qui succomberont sous le faix.

Mais par qui sera faite cette charité privée qui doit préparer une rénovation ? Par la femme surtout, croyons-nous, car la femme nous semble par sa nature, par sa mission, par ses aptitudes, l'agent le plus apte à toucher toutes les plaies et toutes les douleurs.

1° Par sa nature. Elle est faible, elle ne peut pas porter ombrage aux aigris, aux révoltés ; l'agression désarme devant elle, et la plainte prend des accents moins farouches. « La femme est créée pour être mère ; sa volonté ou l'empire des circonstances peuvent briser la loi physique de son sexe, mais rien ne prévaut contre la loi morale ; elle est née mère et reste mère » ; aussi en a-t-elle par nature les dévouements, les délicatesses, et sait-elle les appro-

prier à toutes les infortunes ; soit qu'elle rem-
place la maternité réelle par une maternité
fictive envers les enfants malheureux ou abandonnés ; soit qu'auprès de vieillards tristes et
délaissés, elle redevienne fille respectueuse et
attentive, ou bien sœur discrète et tendre des
pauvres âmes blessées, sa charité revêtira
toutes ses formes selon les circonstances, car
la charité c'est l'amour, l'amour, reflet divin
avec toutes les conséquences de sa céleste
origine, avec ses sacrifices, ses abnégations,
je dirai même ses sublimes aveuglements.
N'est-ce pas la main adroite et délicate de la
femme qu'on réclame pour panser les plaies
douloureuses ? N'est-ce pas son cœur fait d'indulgence et de pitié qui sait le mieux compatir
aux inquiétudes, aux déceptions, aux faiblesses,
aux désespoirs ? Elle connaît les soins qui
apaisent, elle trouve le mot qui console, elle
s'entend à soigner une blessure, elle excelle à
essuyer une larme ; l'homme si bon, si dévoué,
si habile qu'il soit, ne l'égalera jamais dans

ses fonctions. Créée par Dieu pour être la compagne de l'homme, elle a toutes les aptitudes qu'exige cette qualité de compagne ; langage agréable qui plaît ; parole affectueuse qui soutient ; mot heureux qui réconcilie, et avec cela le sourire qui attendrit, le regard qui supplie et qui obtient ; elle ne commande pas, elle prie et on lui obéit ; elle ne se fâche pas, elle se plaint, et on lui cède ; elle ne se venge pas, elle pardonne, et on l'aime ! N'est-ce pas là ce qu'il faut pour aborder toutes les souffrances ; plaies du corps et du cœur, douleurs physiques ou morales, délaissement matériel ou isolement de l'âme ?

2° La charité est dans la mission de la femme, c'est là vraiment qu'elle est dans son rôle, dans son domaine, sous le jour favorable qui donne le relief à ses facultés, l'étincellement à son intelligence, l'irradiation aux délicatesses de son cœur ; quelle plus belle mission peut envier la femme ? On a beaucoup parlé de son émancipation : qu'y gagnerait-elle ?

N'est-elle pas après Dieu la plus créatrice des êtres doués de vie ? C'est elle qui met les hommes au monde, elle à qui on demande de former leur esprit et leur cœur ; les leçons qu'elle y grave dans la jeunesse, l'homme s'en souvient encore dans l'âge mûr, et s'il n'y est pas resté fidèle, s'il a oublié, combien peu de chose il faut souvent pour qu'il se rappelle ! Quel avantage trouverait la femme à échanger ces attributions glorieuses contre des droits dont elle n'a que faire ? Que lui offre-t-on sous cette expression mal définie d'émancipation ? La faveur de lutter avec les hommes ? Mince faveur ! Pour quelques esprits d'envergure exceptionnelle qui pourraient soutenir sans trop d'infériorité des luttes politiques, diplomatiques, économiques, combien perdraient leur plus bel apanage : l'influence dans la famille ? La femme est faite pour le foyer, non pour la tribune. Ne lui permet-on pas d'ailleurs, de se produire dans une certaine mesure ? Les succès comme écrivain, comme artiste, ne lui sont pas interdits ; on lui décerne même aujourd'hui les diplômes de médecin et de bachelier ès-lettres et ès-sciences ce qui restera longtemps, croyons-nous, une exception assez restreinte ; on ne lui permet pas d'aborder le barreau, elle n'en restera pas moins le meilleur des avocats pour les causes auxquelles elle s'intéressera : l'histoire nous a conservé le nom de femmes qui ont gagné de grandes causes ; elles ont en général fort peu parlé, ce n'est pas leur savoir dire, ni leur connaissance des règles de l'éloquence, qui ont obtenu le succès : Véturie se contente d'aller se jeter aux pieds de Coriolan, et le vainqueur qui s'était montré insensible à toutes les supplications, ne peut résister à la muette prière de sa mère. Esther, en allant demander à Assuérus la grâce du peuple juif, s'évanouit et la cause n'en fut que plus sûrement gagnée. Marie, aux noces de Cana, se borne à dire: « Ils n'ont plus de vin », et le Sauveur, dont l'heure était marquée, malgré son hésitation apparente, déroge au programme divin en faveur du désir implicitement exprimé par sa mère.

Les Parisiens, épouvantés par l'approche d'Attila s'apprêtent à quitter leurs foyers pour chercher au loin un abri contre le fléau de Dieu. Sainte Geneviève leur dit : « Restez, Paris n'a rien à redouter du vainqueur » ; et les Parisiens restent, le fléau se détourne de sa route et n'assiège pas la ville protégée par l'humble bergère. Jeanne d'Arc ne prononce pas de longs discours : elle répète avec une simplicité convaincue ce que lui ont dit ses « voix », et on lui confie une armée qu'elle mène à la victoire.

La femme n'est-elle pas entourée des hommages et des respects des hommes ?

Voudrait-elle, en devenant leur rivale dans les travaux qui leur sont réservés, susciter leur animosité, briguer leur haine, descendre de son piédestal pour lutter dans la mêlée, où il n'y a déjà que trop de combattants ; y recevoir des coups meurtriers, y faire des blessures sanglantes ? Non, qu'elle reste dans son attitude de puissance inviolable au foyer dont elle a la garde ; c'est pour elle le rempart inexpugnable, il la garantit contre les passions jalouses et les haines aveugles qui lancent, les uns contre les autres, les hommes possédés par l'ambition ou la colère.

La mission de la femme est l'apaisement, elle doit l'apporter partout, aussi bien dans les difficultés de la famille que dans les tristesses des malheureux. Loin de prendre part à la guerre, elle doit en réparer les désastres dans la mesure de ses moyens et de ses forces. Les hommes inventent des armes à longue portée pour donner plus sûrement la mort ; la femme étudie les remèdes qui retiennent la vie, les dictames qui cicatrisent les plaies ; les hommes s'irritent dans les discussions, s'exaspèrent en d'excessives revendications ; la femme laisse tomber le mot qui blesse, éloigne les questions qui divisent, amène les concessions qui réunissent et désarme la main courroucée en la pressant affectueusement.

3° La charité est dans les aptitudes de la femme. « Constance, patience, longue espérance sont surtout la vertu des faibles, c'est leur force ; l'homme dans l'adversité d'abord s'irrite, bientôt se rebute ; la femme lui apprend le véritable héroïsme, à l'occasion elle saura lui donner l'exemple, elle sera plus sublime que lui.

« C'est à l'exercice de la tolérance que la femme excelle. Par la sensibilité de son cœur, par la délicatesse de ses impressions, par la tendresse de son âme, par son amour enfin, elle arrondit les angles tranchants de la justice, en détruit les aspérités. La justice, mère de la paix, ne serait pour l'humanité qu'une cause de désunion sans ce tempérament qu'elle reçoit surtout de la femme (1). »

Les petits soins, les prévenances minu-

____

(1) PROUDHON.

ticuses, les détails patients sont du ressort
exclusif de la femme ; non seulement l'homme
y est inhabile, mais il y serait ridicule. De
quoi est faite en général la charité ? Le plus
souvent de cette petite monnaie qui paraît
insignifiante mais qui tire sa valeur des sentiments dont elle naît et du discernement par
lequel elle est émise : ce n'est pas une pièce
d'or qu'il faut poser sur une plaie, ni un pain
qu'il faut offrir à une âme qui souffre ; « c'est
une science de savoir embaumer la souffrance
dans les bonnes paroles et les bonnes actions ;
là où le médicament ne peut guérir, la parole
affectueuse est un allégement » ; donner son
argent, c'est bien, se donner soi-même c'est
mieux ; la charité matérielle est nécessaire, la
charité morale l'est tout autant ; la première
n'est souvent que le chemin qui donne accès
à la seconde ; « entre le bien et le mal la lutte
est incessante ; quelque habile que soit le mal
à multiplier ses formes, la charité le guette,
le poursuit, l'atteint et l'affaiblit sans oser

concevoir l'espérance de le vaincre » (1).

Les meilleurs systèmes économiques ne supprimeront pas les maladies, les infirmités, les chagrins, les désillusions, les blessures de l'amour-propre. Quel champ d'action pour la pitié généreuse de la femme! comme elle paraît grande et digne dans ce cadre si bien fait pour rehausser l'éclat des vertus qu'elle peut y déployer! C'est en vain que la critique, la jalousie, la méchanceté, voudraient l'atteindre : tant qu'elle restera sur ce terrain elle est invulnérable ; l'auréole de la foi l'illumine, et le respect de tous l'environne ; elle est vraiment à la place qui lui est assignée par la Providence.

On pourra nous objecter que nous dépeignons des femmes exceptionnellement douées sous la rapport de l'éducation, du caractère, de l'esprit et du cœur, que toutes ne sont pas susceptibles d'exercer l'influence morale que

(1) M. Du Camp.

nous leur attribuons. Assurément nous ne parlons que des femmes qui peuvent être les promotrices de la charité et non pas de celles qui en sont l'objectif; mais nous soutenons que dans toutes les classes et avec des facultés moyennes, la femme de devoir a toujours la dignité voulue, et la femme de cœur le tact nécessaire, pour atteindre le but moral que se propose la charité. Qu'est-ce que l'éducation, sinon la copie de la bonté? qu'est-ce que la politesse, sinon la contrefaçon de l'humilité et de l'abnégation? Ce qu'on appelle les belles manières n'est pas autre chose que l'imitation des vertus chrétiennes, à part quelques détails qu'on appelle les usages.

Nous avons dit souvent qu'avec du cœur on a toujours de l'esprit, et quoique nous ayons eu des contracditeurs dont nous reconnaissons la supériorité, nous restons un peu empiriquement peut-être fidèle à cette opinion. Nous n'entendons pas évidemment parler de cet esprit de saillie qui n'est souvent qu'une jonglerie brillante, où le sophisme et le paradoxe tiennent plus de place que le bon sens; mais de cet esprit judicieux qui apprécie l'opportunité d'un conseil, de ce tact qui saisit la juste mesure dans laquelle on doit se renfermer, qui ne heurte jamais, qui ne froisse personne, qui sait se taire à propos et parler à temps, qui sait agir et attendre, qui commande le respect tout en inspirant la confiance et l'affection. J'ai connu beaucoup de femmes charitables, ce ne sont pas les plus transcendantes qui ont opéré le plus de bien. Du reste la charité n'a pas besoin de langage, elle n'a qu'à paraître pour gagner les cœurs : on ne contredit pas le sacrifice, on ne discute pas le dévouement, ils portent en eux-mêmes des arguments irréfragables.

Examinons comment doit être faite la charité. « Le plus souvent la compassion est diffuse, elle se tient quitte de ce qu'elle doit quand elle a glissé son aumône au hasard dans la main tendue vers elle. » Ce n'est pas ainsi que doit agir une charité intelligente qui veut accomplir un devoir et non pas seulement satisfaire une inclination naturelle à soulager le prochain.

Pour beaucoup de personnes, la charité consiste à donner un sou à tous les mendiants qui surgissent au coin des rues ; aux femmes qui stationnent sous les portes avec un enfant loué pour apitoyer les passants ; à tous les enfants déguenillés que leurs parents lancent chaque jour dans la rue à la piste des gens bien vêtus : ce sont ces aumônes-là qui entretiennent la fainéantise et l'ivrognerie, on les octroie souvent pour se débarrasser d'obsessions opiniâtres : ce n'est pas la charité.

Il y a un bal pour les pauvres : on y danse avec entrain ; les indigents et les malades qui poussaient des gémissements pendant que l'orchestre enlevait les quadrilles reçoivent quelques pièces de monnaie ; c'est l'aumône sous une forme mondaine, ce n'est pas la charité.

Il y a un concert pour les pauvres : on y chante, au moins autant pour briguer les applaudissements que pour grossir la recette; c'est encore une aumône, ce n'est pas souvent la charité.

A la porte de l'église où un prédicateur en vogue prêche un sermon de charité, des quêteuses en grande toilette sollicitent les dons et quelquefois les regards; ce n'est pas toujours la charité; c'est l'aumône obtenue avec intelligence, ce n'est pas l'or de la charité, c'en est le billon, la recherche de soi-même, les satisfactions de l'amour-propre en sont l'alliage. Le résultat vient quand même en aide à la misère, mais il sera d'un poids léger dans la balance où le Juge qui sonde les cœurs pèsera nos mérites au dernier jour. Ceux qu'il faut louer dans ces sortes de combinaisons, sont les organisateurs adroits qui, ayant expérimenté la vanité humaine, l'exploitent au profit de la misère ; ils se disent : Les pauvres y trouveront leur compte ; c'est là le cas de répéter que la fin justifie les moyens.

Nous prenons les billets de loterie qu'on nous propose au profit de toutes les œuvres possibles ; nous inscrivons notre nom sur les listes de souscriptions charitables ; nous laissons tomber notre pièce d'or ou d'argent, selon nos moyens, dans la bourse des dames quêteuses ; nous savons que les œuvres pour lesquelles on nous sollicite sont dignes d'intérêt et nous voulons nous y associer : c'est bien la charité, mais la charité facile, en quelque sorte toute mâchée, qui sort de notre bourse surtout, bien peu de notre cœur. Dieu qui n'oublie rien, pas même un verre d'eau froide donné en son nom, comptera ces deniers pris sur notre superflu, mais cela n'est pas la charité dans son expression idéale.

La charité, c'est ce tourment incessant qu'éprouvent les âmes généreuses qui, non contentes de donner ce qu'elles possèdent, veulent encore se donner elles-mêmes, qui même au milieu des fêtes ont l'oreille tendue aux plaintes de la souffrance ; à qui le luxe et l'abondance n'ôtent pas la vision des foyers sans feu et des tables sans pain et qui sont irrésistiblement poussées à se dessaisir, en faveur des déshérités, d'une part de leur bien-être et de leur joie ; c'est une émanation de cet amour tout divin qui nous a donné le Rédempteur : l'humanité a pu concevoir la philanthropie, le christianisme seul a enfanté la charité. C'est une passion sublime, passion sainte mais entraînante et divinement tyrannique, qui, lorsqu'elle s'empare d'un grand cœur, le conduit au dépouillement, au sacrifice, à l'imitation de son divin inspirateur et l'achemine sans qu'il s'en doute aux plus héroïques dévouements.

La charité est sympathique, tout le monde l'admire ; on fait souvent peu de cas de la justice, on tient l'humilité en médiocre estime, on discute le zèle, on critique la piété, mais la charité réunit tous les suffrages, et dans les éloges que notre vanité ambitionne, celui de notre charité n'est pas ce qui nous plaît le moins. Il n'est pas jusqu'aux avares les plus sordides qui n'oublient de temps en temps leur parcimonie dans l'espoir de s'entendre qualifier de charitables ; en un mot, c'est une vertu qui a cours, que la mode accepte, que le bon ton arbore dans sa forme la plus ordinaire, l'aumône, mais dont les esprits vulgaires et les cœurs étroits ne soupçonnent ni l'impulsion céleste, ni l'étendue, ni la constance, ni le désintéressement.

Que de fois nous avons entendu des personnes de condition modeste s'écrier avec conviction : Si j'étais riche, mon bonheur serait de faire du bien ! Mais il n'est pas nécessaire d'être riche pour faire du bien, la charité ne tire pas son mérite de l'importance de l'aumône, mais bien de l'intention qui la dirige et de l'intensité du sentiment qui la produit ;

d'ailleurs, elle ne s'exerce pas seulement avec de l'argent ; c'en est peut-être l'expression la plus courante, mais, riches ou pauvres, nous pouvons mettre au service du prochain notre temps, nos soins, nos talents, notre adresse et notre intelligence ; l'aider de nos conseils, de nos encouragements, de nos consolations, apporter dans nos relations avec lui l'aménité, la bienveillance et l'indulgence. Faire du bien ! mais rien n'est plus facile, il suffit d'y penser, de le vouloir et d'en saisir les occasions qui ne manquent jamais.

La charité doit s'exercer partout, toujours et envers tous. Il est bon cependant de se tracer un itinéraire, non que l'on puisse s'égarer en si bonne voie, mais afin que nos bonnes actions, arrivant en leur temps et à leur place, puissent produire tout le bien que notre prochain est en droit d'attendre de nous. Or, en commençant par notre prochain le plus proche, nous rencontrons d'abord la famille : ce serait un contre sens inexcusable d'aller porter au loin le sentiment affectueux de la charité si nous n'y faisions tout d'abord participer ceux qui nous sont attachés par les liens du sang ; il est vrai que pour ceux-là, nous avons une affection naturelle qui semble n'avoir pas besoin de stimulant : eh bien, nous croyons que les sentiments naturels ne suffisent pas toujours et qu'un regard au ciel, dans bien des cas, n'est pas de trop. On ne peut se dissimuler que dans les familles tous les membres qui la composent ne sont pas également aimables ; il y a des caractères difficiles, des cœurs égoïstes, et notre affection naturelle reçoit quelquefois de rudes atteintes par le fait des travers fâcheux et des défauts réels de ceux qui nous entourent ; un grain de charité pour soutenir l'affection défaillante qui se sent mourir sous les coups réitérés de l'injustice, de l'ingratitude ou de l'égoïsme, nous sera très souvent fort utile ; et cette indulgence charitable dont nous aurons usé envers les autres, nous serons très heureux qu'ils en usent envers nous quand ils auront à supporter à leur tour les inconvénients de nos défauts.

Quand on observe les divisions désolantes que sèment les questions d'intérêt dans les familles, on reste convaincu de l'importance de la justice et de l'opportunité de la charité. Non seulement, dans les questions graves où des efforts désintéressés deviennent nécessaires pour maintenir la paix ou la ramener, nous serons obligés de faire appel à la réserve la plus sérieuse de nos sentiments charitables, mais dans nos rapports habituels, dans le contact de tous les jours qu'engendre la vie de famille, que de froissements ! que de coups d'épingle, que de malentendus qui tournent à l'aigre ! et sur lesquels une goutte de l'huile de la charité pourrait agir dans un sens favorable.

Dans la famille nous avons des supérieurs, ce sont les parents. A ceux-là surtout, nous devons l'amour et le respect.

« Un père et une mère sont les représentants de Dieu sur la terre, non seulement parce que Dieu leur a donné sa bonté, sa tendre sollicitude et quelque chose de sa souveraine sagesse pour élever leurs enfants, mais aussi parce qu'il en a fait comme ses délégués immédiats, dignes d'être honorés en tout comme il est honoré lui-même. Voilà ce qui donne à un père, à une mère, une autorité si vénérable et une sorte de majesté divine. Et de là vient que parmi tous les devoirs imposés par la nature et par la religion aux enfants des hommes, il en est un qui les domine tous et qui doit survivre à tous, c'est le respect de Dieu présent dans un père et dans une mère. Le respect filial n'est pas autre chose, et c'est aussi pourquoi parmi tous les respects de la terre il n'en est pas de plus sacré. C'est un respect d'honneur, c'est un respect d'amour, c'est un respect religieux. L'autorité paternelle est si haute qu'on doit la respecter jusque dans ses erreurs. Un père, une mère, peuvent tomber avec l'âge dans les faiblesses intellectuelles et morales les plus humiliantes : eh bien, c'est alors qu'un fils, qu'une fille, leur doivent un respect plus tendre et plus profond ; c'est alors que le malheur doit les rendre plus vénérables et plus chers encore à la piété filiale » (1).

Nous avons des égaux dans la famille, ce sont les frères et les sœurs avec lesquels nous partageons les mêmes droits ; droits qu'il nous est permis de rappeler si on les oublie, mais que ce soit toujours avec le calme de la bonté, sans provoquer l'irritation en nous montrant nous-mêmes irrités ; supposons toujours un oubli, une méprise, une inadvertance ; ne suspectons jamais les intentions, ne prêtons pas aux autres de mauvais sentiments, ce serait les autoriser à nous en croire de semblables ; que nos observations aient plutôt l'apparence d'une prière que l'allure provo-

(1) Mgr Dupanloup.

cante d'une réclamation ; soyons toujours à la tête du mouvement quand il s'agit d'une concession, d'un sacrifice ; on trouvera bon tout d'abord de nous laisser ce privilège du désintéressement, mais, peu à peu, on nous suivra ; rien n'entraîne comme l'exemple, et la bonté finit bien par tenter un jour ceux qui ont profité de celle des autres. D'ailleurs, il ne faut pas mettre que notre cœur au service de la bonté, de la bienfaisance ; il n'est pas défendu d'y joindre notre esprit et notre expérience de la vie : dans la guerre on emploie la force, mais on se sert aussi de la ruse pour surprendre l'ennemi, lui couper la retraite et le forcer à capituler ; un peu d'intelligence au service de cette belle cause, de l'union et de la paix nous aidera à tendre des pièges affectueux où les cœurs se prendront si nous y mettons la persévérance, la ténacité et le courage qui méritent les résultats que nous ambitionnons.

Dans les milieux où l'éducation est soignée,

l'esprit cultivé, les manières polies, les défauts sont en général recouverts d'un vernis d'urbanité qui en dissimule les tonalités criardes, mais ils n'en portent pas moins sûrement des coups douloureux ; nous pouvons laisser voir notre souffrance, ne montrons jamais notre colère.

Enfin, nous avons des inférieurs : les enfants, les domestiques.

Les Enfants. — Sans entrer ici dans les détails de l'éducation, ce qui sortirait de notre sujet, disons cependant que, comme l'enfant à surtout l'instinct d'imitation, il est très important de lui montrer à agir avec bonté, de l'habituer à penser au bonheur des autres, à s'imposer dans ce but de petits sacrifices dont il faut lui laisser subir les conséquences ; rien ne me semble mal à propos comme de restituer bien vite à un enfant la friandise dont il peut s'être privé pour un autre, ou l'argent qu'il aura donné dans un bon mouvement pour soulager un pauvre ; il faut lui laisser le mérite et, par conséquent, la privation, suite de sa bonne action ; il faut qu'il apprenne qu'on ne fait pas le bien qu'il n'en coûte, et qu'on ne doit compter sur d'autre récompense que le témoignage de sa conscience. Je voudrais qu'au lieu de tolérer aux enfants ce sot orgueil qui les fait jeter un regard méprisant sur les mendiants et sur les enfants moins bien vêtus qu'eux, on leur inspirât la compassion pour les infirmes dont ils sont parfois tentés de se moquer, pour les vieillards, pour les pauvres, pour les humbles ; en grandissant, ils conserveront ce sentiment si noble qui grandira avec eux, et ils ne donneront pas le spectacle écœurant de ces écervelés insolents qui trouvent spirituel de s'emparer de la meilleure place au lieu de la laisser à une femme ou à un vieillard ; qui n'ont aucune prévenance en voyage, dans la rue, sur les promenades, pour les personnes infirmes ou âgées qui peuvent avoir besoin qu'on s'écarte de leur passage, qu'on leur tende la main ou qu'on les avertisse d'un danger. Mais tout cela, dira-t-on, c'est tout simplement de la politesse! Eh! oui, certainement, mais cette politesse-là est aussi du domaine de la charité; beaucoup de jeunes gens, appartenant au monde que nous appelons comme il faut, l'ignorent complètement ou la relèguent dans l'oubli; ceux que la charité a touchés la connaissent et la pratiquent à quelque classe qu'ils appartiennent. J'ai vu un jour un monsieur, fort distingué, retirer son gant et pousser une petite charrette chargée d'un pauvre mobilier, qu'un ouvrier couvert de sueur tirait péniblement au haut d'une rue très escarpée; personne n'eut le mauvais goût de s'en moquer. J'observe souvent une femme élégante qui descend du trottoir chaque fois qu'elle y rencontre une pauvre femme chargée d'un fardeau ou d'un lourd panier afin de la laisser passer à l'aise... Voilà des riens, mais ces riens pacifieraient le monde s'ils étaient universellement pratiqués ; ces riens nous pouvons, avec une intention surnaturelle, les transformer en trésors pour le ciel, car la charité, comme le roi de Phrygie dont parle la fable, qui changeait en or tout ce qu'il touchait, a le privilège de donner aux moindres choses un prix inestimable.

Les Domestiques. — J'énoncerai la domesticité même comme une extension de la famille. Ils sont bien près d'être de la famille, ces pauvres serviteurs qui sont déjà de la *maison;* ils mangent notre pain, ils dorment sous notre toit ; nous leur imposons le deuil quand nous sommes en deuil, l'habit de fête quand nous sommes en fête ; nous faisons appel à leur dévouement quand nous sommes malades, à leur aide pour les travaux qu'il nous plaît de décider. Nous trouvons tout naturel qu'ils s'attachent à nous ; n'est-il pas juste que nous nous attachions aussi à eux, qui ont quitté leur famille pour la nôtre, leur pays pour nous suivre ? Il est vrai qu'ils l'ont fait en vue d'un salaire, et que ce salaire nous le leur donnons ; mais leur situation si dépendante, sans initiative et sans action personnelle, a des côtés bien pénibles ; nous pouvons l'adoucir en commandant sans hauteur, en formulant nos ordres avec une teinte de prière : Voulez-vous m'aller chercher telle chose, m'apporter tel objet ? Obligez-moi d'aller promptement à tel endroit ; vous me feriez plaisir, si, après telle besogne, vous pouviez encore faire telle autre. Je ne dis pas que nous devions toujours parler ainsi, mais il sera bon de le faire quand les domestiques auront plus de travail que d'habitude, ou que nous nous apercevrons qu'ils sont tristes ou fatigués. Sur les gens sans éducation, on ne saurait croire l'influence qu'exercent les formules polies ; elles attestent notre supériorité et rehaussent notre dignité. Rien ne nous amoindrit dans l'esprit de nos domestiques comme les explosions de colère et l'emploi d'expressions blessantes ; c'est pour eux une preuve que nos sentiments ne sont pas au-dessus des leurs, et cela diminue notre prestige.

Quand nos serviteurs sont malades, il est de notre devoir rigoureux de leur faire donner tous les soins nécessaires, mais si nous y ajoutons une sollicitude affectueuse, une véritable compassion, et que nous leur témoignions ces sentiments par quelques attestations toutes person-nelles et des paroles consolantes, nous ferons acte de charité. Souvent nous nous heurterons à une indifférence égoïste et peut-être sèmerons-nous des perles *ante porcos*, mais aussi que de joie nous donne-rons quelquefois à des cœurs bons, droits et simples, qui seront profondément tou-chés de nos procédés et qui, sans savoir l'exprimer, sans même oser le faire paraître, nous garderont un attachement fidèle et dévoué ! Il est d'usage de se plaindre des domestiques, d'anathématiser cette caste, de lui attribuer tous les mauvais instincts, tous les vices, toutes les hypocrisies, toutes les ingratitudes. Il y a malheureusement du vrai dans cette appréciation sévère, surtout s'il s'agit de cette jeunesse avide de bien-être et de toilette que l'appât du lucre arrache tous les jours aux campagnes pour la jeter dans toutes les corruptions des grandes villes ; mais qu'il y a quelquefois d'abnégation, de probité, de dévouement dans ces natures passives, habituées à ne vivre et n'agir que pour les autres et par les autres ! On dit quelquefois : Les bons maîtres font les bons domestiques ; cela sera toujours vrai ; on parle avec un regret inconscient des fidèles serviteurs d'autrefois : c'est que les maîtres, eux aussi, étaient fidèles, qu'ils ne changeaient pas leur personnel tous les huit jours, c'est que les serviteurs faisaient souche de famille chez les maîtres, et qu'ils étaient vraiment considérés et traités, ainsi que je l'ai dit plus haut, comme une extension de la famille ; c'est qu'ils recevaient de leurs maîtres l'exemple de la foi, de l'honneur et de la justice, et que le maître mettait autant de réserve à ses exigences qu'il voulait que le serviteur mît de conscience dans son emploi. Pourquoi nous montrer si avares d'éloges quand nos domestiques ont bien rempli leur devoir, quand ils ont mis tous leurs soins à nous satisfaire, et si prodigues de reproches quand un oubli de leur part, une maladresse involontaire nous a occasionné quelque ennui ? On récrimine quelquefois toute une journée pour un plat manqué, toute une semaine pour un objet cassé, et on se croit quitte de toute reconnaissance quand on a payé d'un mince cadeau les nuits qu'une pauvre femme de chambre a passées à notre chevet pendant une maladie.

Quand nous allons dans le monde, quand nous recevons, nous trouvons tout naturel, que nos domestiques soient levés de bonne heure et qu'ils veillent fort tard, eux qui n'ont pas comme nous l'excitant du plaisir ; mais le lendemain, quand nous prenons un repos que nous ne leur accordons pas, s'ils viennent à nous éveiller en fermant une porte avec bruit, ils sont bien vite et quelquefois vertement réprimandés.

Ne nous accoutumons pas à les considérer comme étant d'une nature différente de la nôtre et très inférieure : ils ont comme nous une âme d'origine divine, et nous devons leur laisser le temps et la faculté de s'en occuper ; leurs devoirs envers nous n'excluent pas leurs devoirs envers Dieu, et notre service doit être organisé de manière à leur permettre de remplir tous ces devoirs sans qu'ils empiètent les uns sur les autres. Ils ont un cœur, et nous ne devons pas y éteindre les affections de famille ; nous devons, au contraire, les favoriser en nous associant à leurs inquiétudes, à leurs peines, à leurs joies, en les aidant de notre bourse, de notre influence dans le bien qu'ils désirent faire à leur parents, en nous intéressant à leurs projets, à leurs espérances. Enfin, initions-les eux aussi à la charité qui doit nous animer, habituons-les à s'en inspirer dans leurs actions ordinaires, dans leurs devoirs de tous les jours, et nous ne nous en trouverons pas plus mal : si nous avons dans la famille des vieillards grincheux, difficiles à satisfaire, et dont le service rebutant nous crée des embarras continuels ; des malades exigeants et capricieux, des infirmes aigris, nous aurons un puissant auxiliaire dans ce sentiment de la charité, si nous parvenons à en pénétrer nos domestiques, et pour cela l'exemple sera la plus persuasive exhortation.

Quoiqu'il soit en général convenable de

dissimuler le bien qu'on fait, il sera bon
que nos serviteurs nous voient quelquefois dans l'exercice de l'aumône, ne fût-ce
que pour apprendre de nous, à qui l'éducation a donné des délicatesses qu'ils
ignorent, comment on doit traiter avec les
pauvres. En nous voyant affables et com-
patissants pour des gens qu'ils considèrent
comme bien au-dessous d'eux, ils comprendront la grandeur et la puissance du
sentiment qui nous anime ; ils seront
étonnés d'abord, entraînés ensuite ; ils
nous imiteront, et nous pourrons, dans
une certaine mesure, les associer à notre
action charitable. Nous obtiendrons d'eux
d'abord qu'ils ne soient pas arrogants avec
ceux qui viennent solliciter nos secours ;
j'ai connu des pauvres qui appréhendaient
tellement l'accueil rébarbatif des domestiques, qu'ils préféraient guetter pendant
une heure la sortie des maîtres pour les
aborder directement, que d'être obligés

d'avoir recours au désagréable intermédiaire de leurs serviteurs. La charité sera même pour nos domestiques une école d'économie ; c'est le plus souvent en vain que nous leur prêchons l'économie : quand nous sommes seuls en cause ; ils haussent dédaigneusement les épaules, et nous accusent de lésinerie quand on leur fait observer qu'ils ont laissé perdre ici un litre de bouillon, là un morceau de viande, ailleurs des restes oubliés ; mais quand ils nous accompagneront quelquefois chez les pauvres, qu'ils constateront par eux-mêmes le secours procuré par un litre de bouillon à un malade, le besoin qu'eût satisfait le morceau de viande perdu par leur négligence, quand ils partageront avec nous les bénédictions des pauvres que nous aurons soulagés, ils comprendront qu'un peu de soin de leur part, un peu d'économie, peut les rendre nos coopé-rateurs, et ils prendront goût à cette

8.

coopération ; peut-être d'abord avec un brin de vanité, mais la conquête sera faite, il n'y aura plus qu'à la conserver et à l'épurer, et le sentiment de la charité est si grand, si noble, qu'il s'épure de lui-même à mesure qu'il augmente.

La Société, après la famille, ouvre un champ non moins vaste à l'essor de notre charité ; nous trouvons souvent l'occasion d'utiliser son action bienfaisante dans les diverses relations que nous créent la sympathie, le devoir, les convenances ou les simples usages.

L'amitié nous attend, avec ses douces communications, son reposant abandon ; nous y trouverons consolation dans nos peines, encouragement dans nos difficultés, si nous savons faire un bon choix dans les affections qui nous seront offertes ; mais ce choix est très important, il ne doit pas être fait à la légère sur la foi d'une sympathie frivole ou d'un engouement irraisonné ; l'amitié, pour être sûre, pour être bienfaisante, a besoin d'être assise sur l'expérience de qualités sérieuses. Que notre amie soit toujours une femme de devoir, d'une réputation irréprochable, et que sa foi religieuse vienne garantir à nos rapports fréquents la fidélité, la discrétion et la constance.

L'amitié comporte la réciprocité ; nous devons être fidèles à nos amies comme nous désirons qu'elles le soient envers nous ; nous devons garder avec un respect scrupuleux le secret de leurs confidences, et comme, malgré les qualités que nous aurons constatées en elles, nous leur découvrirons aussi quelques défauts, puisque personne n'en est exempt, nous devons les tolérer et les excuser, pour que les nôtres soient également tolérés et excusés. S'il est indigne d'une femme bien élevée de trahir son amie, de la sacrifier pour un bon mot, une plaisanterie spirituelle, un succès

éphémère, à plus forte raison une femme
charitable et chrétienne ne doit-elle jamais
donner ce triste spectacle ; si nous nous
faisons une loi d'employer la bonté à l'égard
même de ceux qui nous font souffrir, combien devons-nous en être prodigues à
l'égard de ceux qui nous aiment ; si on les
attaque devant nous, nous devons les
défendre avec un soin jaloux, non avec des
paroles acerbes qui nous aliènent immédiatement nos contradicteurs, mais avec la
simplicité de la vérité, la dignité du devoir
et l'énergie de l'affection.

Hélas ! que la vraie, la fidèle amitié est rare
et difficile entre les femmes, pourtant si bien
organisées pour éprouver et faire partager ce
noble sentiment ! leur cœur plein de tendresse
débordante, leur besoin d'attachement, leur
besoin de dévouement, les prédisposent si
bien à ce doux commerce de l'amitié, qui
n'est qu'un échange d'affection où chacun
s'efforce d'offrir à l'autre plus encore qu'il ne

reçoit. Pourquoi faut-il que des travers fâcheux qui n'affectent souvent que la superficie des caractères, viennent altérer la plupart de ces précieuses relations ; la vanité, le désir de briller au-dessus des autres, une susceptibilité née de l'amour-propre, une sensibilité exagérée, voilà le plus souvent les pierres d'achoppement qui entravent l'essor de la suave amitié. « Qui a trouvé un ami a trouvé un trésor », dit l'Ecriture ; un trésor vaut bien la peine qu'on fasse quelques sacrifices pour le conserver. Si nous sommes de bonnes amies, de charitables amies, nous saurons faire des sacrifices à celles qui nous donnent ce titre affectueux ; nous nous effacerons quelquefois pour les laisser briller, pour leur laisser tout l'honneur d'une bonne œuvre à laquelle nous aurons cependant contribué, etc., mais surtout nous nous montrerons toujours d'une humeur égale ; « de tous les défauts dont on peut infliger aux autres le supplice, il n'en est pas de plus redoutable que l'inégalité de caractère ; vous

vous croyez en paix, vous vivez sur la foi des traités, vous n'avez rien fait qui puisse offenser la personne que vous fréquentez ; à la dernière visite, vous vous êtes séparées cordialement, gaiement même : vous vous retrouvez, tout est changé, un nuage sombre a passé sur le ciel, plus de sourires, plus de bons regards ; on vous répond à peine d'une manière sèche et brève, on a un parti pris de ne donner aucune marque de sympathie ; la visite ou l'entretien fini, vous quittez, triste, la personne qui vous a infligé cette petite torture ; vous vous demandez le comment et le pourquoi de cette humeur, comment la prévenir, comment adoucir ces mines farouches ? Vous vous rencontrez de nouveau : tout est changé, elle est gaie, d'une gaieté folle, tout est bien, tout est admirable, on s'entend, on se souvient, on s'embrasse, et l'on croit les difficultés aplanies, jusqu'à une nouvelle rencontre où la bouderie maussade reprend ses droits et détruit de nouveau la confiance renaissante.

Ce petit supplice, plus lourd à porter qu'il ne paraît, où prend-il son origine ? Dans la susceptibilité excessive de l'esprit dépourvu de charité, qui sans cesse observe, analyse, dissèque les procédés d'autrui et croit y découvrir des intentions offensantes, des manques d'égards qui n'ont existé que dans la tête un peu malade où ils sont engendrés. Si nous en sommes les victimes, l'effacement est le seul remède ; ne pas répliquer, laisser passer, tâcher de conserver son ton naturel, son humeur bienveillante, en évitant les caps dangereux près desquels une tempête est presque toujours inévitable. Un peu de silence et quelques attentions délicates sans ostentation feront bien mais surtout la patience et l'indulgence. Si, par malheur, c'est en nous qu'habite cette humeur diabolique, combattons-la avec courage, elle rend si malheureux tout ce qui nous entoure (1).

(1) Mme BOURDON, *Journal des Demoiselles.*

Chateaubriand, qui se connaissait en humeur, a dit avec un sentiment profond : « Je n'ai cessé de me reprocher les inégalités dont j'ai pu affliger quelquefois les cœurs qui m'étaient dévoués. Veillons bien sur notre caractère ; songeons que nous pouvons, avec un attachement sincère, n'en pas moins empoisonner des jours que nous rachèterions au prix de tout notre sang. Quand nos amis sont descendus dans la tombe, quel moyen avons-nous de réparer nos torts? Nos inutiles regrets, nos vains repentirs, sont-ils un remède aux peines que nous leur avons faites? Ils auraient mieux aimé de nous un sourire pendant leur vie que toutes nos larmes après leur mort » (1).

Un excellent auteur anglais a dit : « La bonne humeur est comme l'air embaumé du matin, comme le rayon de soleil sans

____

(1) *Mémoires.*

lequel il manque un charme au paysage le plus aimable. De grands devoirs et de grands dévouements perdent beaucoup de leur vertu, de leur puissance d'action, s'ils ne sont pas accomplis dans cet aimable esprit ; quant aux petits devoirs et aux petits dévouements, ils n'ont aucune valeur s'ils ne sont éclairés par le rayon d'une humeur toujours sereine. On est heureux auprès de ceux qui se montrent toujours satisfaits, on souffre auprès de ceux qui ne sont jamais contents de rien. »

Mais il n'y a pas que l'amitié qui nous attend sur le chemin de la vie : les convenances, les hiérarchies, notre situation ou même le simple voisinage, nous imposent des relations que nous n'avons pas cherchées, que nous n'avons pas choisies, et parmi lesquelles nous en trouverons de peu agréables, quelquefois même d'antipathiques. Irons-nous montrer un visage maussade à ceux qui, sans nous avoir

jamais offensés, n'ont pas le bonheur
de nous plaire? Ce serait, à la fois, mal
élevé, antipolitique et antichrétien. Dira-
t-on que l'éducation seule doit suffire à
nous imposer une attitude respectueuse et
digne, à défaut d'une physionomie aimable
et joyeuse? que l'intérêt, qui est le mobile
de certaines fréquentations, doit être assez
puissant pour nous amener à dissimuler
nos antipathies! Cela semble rationnel, en
effet; mais quand on constate les mines
renfrognées, les airs impertinents et la
désinvolture dégagée que prennent certaines
femmes réputées bien élevées, assez incon-
séquentes pour compromettre quelquefois,
par ces manières, la situation ou l'avan-
cement d'un mari, d'un fils, on reste persuadé qu'un peu de sens chrétien et des
efforts consciencieux inspirés par la charité
viendraient fort à propos corriger ces
allures provocantes. Sans obséquiosité, sans
platitude, sans flatterie, on peut se rendre

agréable aux personnes qui plaisent le moins, leur témoigner de l'estime à défaut de sympathie, de la déférence à défaut d'enthousiasme.

Les Conversations ! c'est le plus souvent le grand écueil de la charité ; c'est là que les caractères peu généreux se donnent carrière contre les absents, qui ne peuvent se défendre ; qu'on divulgue les secrets d'autrui, qu'on interprète défavorablement les meilleures actions, qu'on met en suspicion les plus louables intentions, qu'on critique, qu'on blâme et qu'on tourne en ridicule les gens les plus inoffensifs et quelquefois les plus dévoués : « C'est à quoi se réduisent la plupart des entretiens, c'est cela qui fait l'agrément de ceux qui parlent, le plaisir de ceux qui écoutent ; sans cela la scène languit, les conversations tarissent, le monde n'a plus d'esprit ; avec cela chacun plaît, chacun s'insinue, chacun s'exprime heureusement : ainsi, s'amuser aux dépens d'autrui, et se jouer de la réputation les uns des autres, c'est le bel esprit, c'est la belle humeur, c'est le commerce du monde » (1).

La femme charitable, fourvoyée dans un tel milieu, n'aura pas trop de toutes ses forces aimantes, de toute l'étendue de sa justice, de sa droiture et de sa dignité, pour réagir contre cet ensemble de mauvais sentiments, et pour en combattre l'action délétère ; elle aura besoin d'infiniment de tact pour soutenir à elle seule une cause si maltraitée, pour ne pas perdre ceux qu'elle veut défendre en se posant en trouble-fête, mais pour insinuer doucement, sans violence et sans aigreur, quelques bonnes vérités indiscutables à l'avantage des absents ; pour dire, avec l'accent persuasif de la sincérité, le bien qu'elle

____

(1) FLÉCHIER.

aura vu en eux, et pour faire adroitement appel à ce qu'il peut y avoir encore de bon au fond de ces cœurs frivoles entraînés au mal parce qu'on applaudit le mal, et qu'on pourrait entraîner au bien en faisant applaudir le bien. Cela peut sembler difficile ; il faut cependant le tenter, il n'est si mauvaise nature qui ne soit accessible aux grands sentiments par quelque côté ; c'est ce point vulnérable qu'il faut découvrir d'abord, essayer d'atteindre ensuite ; on y réussira bien quelquefois.

Que dire des *réunions mondaines* ? Quel champ de bataille où, sans la charité, il n'y n'y a plus qu'une mêlée féroce de combattants acharnés ! Tous les jours, on dit : le monde est méchant, le monde est trompeur, mais qu'est-ce que le monde, sinon une réunion d'individualités ? et si les individualités étaient bonnes, la réunion n'en pourrait être mauvaise. Si le monde est méchant, si le monde est trompeur; c'est que chacun y apporte son contingent de méchanceté et de mensonge ; c'est que chacun y veut tout pour soi, rien pour autrui ; qu'on s'y pousse pour arriver au premier rang, pour accaparer les succès, que les triomphes des uns naissent de la défaite des autres, et l'élévation de ceux-ci de l'abaissement de ceux-là.

Personne ne désarme dans cette lutte meurtrière et incompréhensiblement attractive ; tous les jours, on emporte des morts et des blessés, et tous les jours, les blessés de la veille reviennent pantelants s'exposer de nouveau aux traits qui les ont atteints, dans l'espoir d'en lancer à leur tour, de plus acérés, de plus envenimés ; les rivalités, les compétitions sont toujours sur la brèche; l'ennemi attend, le sourire aux lèvres et la main tendue, mais son œil jaloux toise hypocritement l'adversaire, cherche le défaut de la cuirasse pour diriger plus sûrement ses coups...... Voilà le monde ! A entendre le mal qu'on en dit, il semblerait que les thébaïdes vont se peupler de ses victimes...., erreur ! on en médit et on y court, on l'anathématise et on veut en être !

Femmes de cœur, femmes chrétiennes, vous êtes nombreuses encore, sinon plus nombreuses que les femmes frivoles, orgueilleuses, égoïstes, du moins plus puissantes et plus écoutées, car, même aux méchants, le bien impose le respect : allez donc porter au monde qui cherche le bonheur où il n'est pas, allez porter la belle, l'aimable charité chrétienne, celle que saint Paul a si bien définie en disant : « Elle est patiente, elle est bienfaisante, elle n'est point envieuse, elle n'est point inconsidérée ; elle ne s'enfle pas d'orgueil, elle n'est pas ambitieuse, elle ne recherche pas son intérêt particulier. »

Apportez sur le champ de bataille du

monde, non les armes avec lesquelles on
combat, mais les paroles avec lesquelles
on apaise ; non le désir de vaincre, mais
le désir de soulager ; non l'ambition du
triomphe, mais l'ambition du dévouement ;
laissez aux cœurs étroits le succès facile de
la moquerie, aux esprits mesquins les
victoires éphémères du luxe ; pour vous,
« que tout ce qui est droit, tout ce qui
est juste, tout ce qui est aimable, occupe
vos pensées » ; à l'orgueil insatiable, à la
vanité altière, opposez l'effacement !

L'effacement, quelle petite vertu, modeste
et ignorée ! on n'en parle pas, on n'en a
peut-être jamais parlé ; quel sacrifice négatif
en apparence et pourtant difficile en pratique, mais aussi, merveilleux en résultats !
comme la source inconnue du Nil ré-
pand au loin ses eaux fécondes, l'effacement inaperçu déverse sans bruit ses flots
de paix. Les dévouements les plus généreux ne donnent pas toujours au prochain

la même somme de bonheur que l'effacement ; le dévouement qui se laisse voir
oblige à la reconnaissance ; ce n'est pas un
don gratuit ; l'effacement n'est pas remar-
qué, on en profite sans avoir rien à fournir en échange, le chemin du succès est
libre, on n'a personne à écarter, pas d'obstacles à surmonter, on jouit d'autant plus
complètement qu'on n'a rien eu à froisser
sur son passage, l'effacement a déblayé la
route.

Que de fois nous avons entendu dire de certaines personnes qu'elles sont encombrantes !
Aucune expression ne saurait mieux rendre leur vaniteuse et désagréable ubiquité ;
en effet, elles sont partout, même où elles
ne sont pas invitées, souvent où on ne les
désire pas. S'il y a un poste d'honneur,
elles s'y installent, comptant qu'on n'osera
pas les en débusquer, et c'est quelquefois
ce qui arrive ; elles s'agitent comme la
mouche du coche et arrivent juste à temps

pour revoir les éloges que d'autres ont
mérités ; elles sont de tout, elles vont partout où on peut se montrer, s'imposent
aux timides, s'accrochent aux personnes
en vue, parlent tellement de leurs talents
qu'on n'ose plus en douter ; critiquent
avec tant d'aplomb qu'on n'ose les réfuter,
et finissent par se faire croire importantes
et nécessaires ; on les subit, personne ne
les aime, et si un jour quelqu'un s'avise
d'attacher le grelot, de proclamer leur
gênante nullité et de les mettre carrément
de côté, elles tombent pour ne plus se
relever, lapidées de toutes les rancunes
qu'elles ont fait naître.

Nulle antithèse ne nous semble plus
juste, nul correctif ne nous paraît plus
approprié à cet insupportable défaut de l'effacement.

La femme qui s'efface aura peut-être
bien à souffrir de l'oubli volontaire qu'elle
aura provoqué, mais quelles compensations

elle trouvera dans le témoignage de sa conscience, jusqu'au jour où elle recueillera le prix de son abnégation, en reconnaissant qu'elle s'est ouvert le chemin des cœurs, qu'elle peut rendre tributaires de sa charité tous ceux qui ne l'ont jamais trouvée en travers de leurs projets, qu'elle n'a ni contredits, ni arrêtés, ni devancés, pour qui elle a été une aide et non une rivale ; qui s'est montrée à la peine, mais éclipsée au triomphe !

Si une difficulté sérieuse surgit dans une famille, si un dissentiment éclate et compromet le succès d'une œuvre, où ira-t-on chercher un intermédiaire assez influent, assez estimé, assez sympathique, pour obtenir les concessions nécessaires à la paix de la famille, à l'union sans laquelle l'œuvre ne peut aboutir ? Ce diplomate habile, cet ambassadeur de paix, ce sera la femme charitable que son effacement héroïque aura garanti des antipathies, des ridicules, des ressentiments, dont la subite mise en lumière dévoilera tout à coup, comme dans un éclair, la bonté, la supériorité; elle ramènera les transfuges, ralliera les mécontents, vaincra les résistances, obtiendra les sacrifices.

Il semble que jusqu'ici, nous ayons affecté de montrer la charité partout, excepté où tout le monde s'attend à la rencontrer, c'est-à-dire envers les pauvres.

C'est en effet sur ce terrain que nous avons le plus souvent à l'exercer dans toute l'étendue de son acception, et là qu'il est absolument essentiel de l'organiser avec intelligence et modération afin de la distribuer d'une manière profitable.

Avant de s'embarquer pour une contrée lointaine, on en étudie ordinairement la topographie; on s'enquiert des dangers à éviter, des avantages à recueillir, des approvisionnements à faire; on en apprend la langue pour arriver à s'y faire comprendre, les usages pour ne pas les heurter, on consulte ses forces pour ne pas s'exposer à succomber prématurément; c'est ainsi que nous allons procéder.

Le monde des pauvres, est, pour la partie privilégiée de la société, un pays inconnu où, seuls, les cœurs vraiment généreux se lancent en explorateurs sérieux avec le courage nécessaire pour opérer le bien ; les esprits superficiels, les cœurs frivoles n'y font que des excursions rapides, prenant pour la réelle et effective charité cette sensibilité passagère, cette émotion sans profondeur qui mouille notre paupière à la vue d'un dénuement plus ou moins bien exposé à nos regards ; ceux-là sont, le plus souvent, dupes d'une mise en scène habile, combinée d'avance et qui constitue une véritable exploitation.

Il ne faut pas s'imaginer que l'aumône mettra sur nos pas un cortège de pauvres reconnaissants chantant nos louanges avec défilé, chœurs et apothéose..., non, il faut nous armer de courage contre les désillusions qui nous attendent, d'abnégation contre les ingratitudes, de persévérance contre les échecs.

On fait trop de l'assistance envers les pauvres une œuvre de surérogation pour laquelle on n'a pas assez d'éloges, tandis que c'est une obligation, un devoir strict; il n'est pas permis aux heureux de ce monde de se désintéresser des maux qui accablent la plus grande moitié du genre humain: la Providence, qui a créé les inégalités sociales, a eu un but auquel nous ne devons pas nous soustraire: le riche et le pauvre sont nécessaire l'un à l'autre, et c'est de ce besoin réciproque que doit naître la charité, l'amour qui produit la compassion chez les uns et la reconnaissance chez les autres.

Certains esprits superficiels accusent la Providence et s'écrient que ces inégalités sont injustes: c'est nous qui sommes injustes quand nous ne répondons pas aux vues du Créateur. Dieu n'a pas mis le pauvre sur notre chemin pour nous servir seulement de terme de comparaison et donner une plus grande saveur à notre bien-être ; nous ne sommes pas libérés de notre devoir en jetant indifféremment et dédaigneusement à ceux qui nous sollicitent une pièce de monnaie qui n'ôte rien à notre luxe et ne diminue pas notre confortable. Ces pauvres, nous devons les aimer, et l'assistance que nous leur donnons doit être le résultat, l'expression de cet amour. Dieu est amour, il a créé les hommes pour s'aimer, il ne nous a pas fait d'autre commandement que l'amour : Vous aimerez Dieu de tout votre cœur. Et voici le second commandement qui est semblable au premier : Vous aimerez votre prochain comme vous-même pour l'amour de Dieu.

Est-ce à dire que nous devions nous jeter dans les bras de tous les loqueteux, infirmes et vagabonds qui se trouveront sur notre passage ? Non, assurément, c'est pourquoi nous disons qu'il faut organiser la charité.

Nous examinerons donc :

1° Quels sont les pauvres que nous devons secourir ;

2° Comment nous devons les secourir ;

3° Quel langage nous devons leur parler ;

4° Contre quels abus nous devons nous prémunir.

1° *Quels sont les pauvres que nous devons secourir ?*

Hélas ! ce sont tous ceux qui souffrent ; n'est-ce pas dire qu'ils sont légion ? tous ceux qui manquent des biens essentiels, soit à la vie matérielle, soit à la vie morale ; aussi bien ceux qui meurent de faim, que ceux dont le courage succombe ; ceux dont le corps languit sur un grabat comme ceux dont l'âme pervertie court aux abîmes é ernels ; ceux dont les infirmités repoussantes nous font horreur comme ceux dont la dépravation nous épouvante ; n'y a-t-il pas de quoi s'effrayer en voyant le champ si vaste et la tâche si arduc, et n'est-on pas tenté de se demander avec douleur : Que pouvons-nous contre tant de maux ? que sera notre action individuelle devant ce débordement du mal et du malheur ? Nos aumônes, nos secours de toute nature, mais c'est une goutte d'eau sur une fournaise ! Si les hôpitaux, les asiles, les refuges de toutes sortes, les millions de l'assistance publique et ceux de l'assistance privée ne forment qu'une digue insuffisante au flot toujours montant du paupérisme, à quoi peut prétendre notre intervention, à nous femmes qui sommes pour le plus grand nombre dans des situations médiocres ? Si les donneurs de millions constatent que leurs largesses sont impuissantes à changer la face des choses, qu'espérons-nous, nous, modestes mères de famille obligées de calculer pour équilibrer notre budget, et ne pouvant distraire de nos ressources ordinaires que des sommes relativement insignifiantes ?

A cela, nous répondrons d'abord par le proverbe populaire : les petits ruisseaux font les grandes rivières ; nous répondrons que les infiniment petits ont dans la création un rôle plus important qu'on ne croit. Est-ce que les tarets n'ont pas miné les digues de Hollande ? est-ce que les chenilles dites processionnaires n'arrivent pas à dévorer des forêts entières ? Est-ce qu'en ces temps de théories microbiennes on n'attribue pas à des causes imperceptibles des effets gigantesques ? Pourquoi le bien ne s'opèrerait-il pas comme le mal par les infiniment petits ? Soyons ces infiniments petits bienfaisants, contentons-nous d'être un grain de sable dans l'édifice, un atome gravitant en son lieu et placé dans l'ordre voulu par la Providence.

« Faire le bien dans le vrai sens du mot est une action belle et grave qui n'est pas toujours accessible à tout le monde ; mais faire plaisir, soulager au moral et au physique ceux qui so.. malheureux ; faire éclore un sourire sur les lèvres des tout petits, leur donner l'illusion d'un bien-être dont ils sont privés, voilà ce qui est à notre portée et ce que, toutes, nous devrions faire.

« Pour cela, nous n'avons qu'à nous inquiéter de ceux qui, à notre porte, dans notre quartier, souffrent du froid et de la faim.

« Si chacune de nous prenait une famille sous sa sauvegarde, nous arriverions bien vite à diminuer le nombre des malheureux et des désespérés.

« Quant aux moyens dont nous pouvons disposer pour donner un peu de joie à ceux qui n'en ont jamais, ils sont nombreux, nous n'en citerons qu'un, le plus simple.

« Combien de fois ne nous a-t-on pas consultée pour savoir à quel ouvrage de fantaisie on pouvait se livrer dans les longues soirées d'hiver !

« Eh bien ! lorsque vous êtes lasses des tapisseries, des broderies, des dentelles au crochet, ne pouvez-vous tricoter des brassières, des jupes, des fichus, faire des robes chaudes dans ce tissu peu cher que l'on nomme le pilou ?

« Les magasins de nouveautés ne vendent-ils pas des étoffes dites « étoffes de bienfaisance »...., et si vous ne pouvez acheter, consultez un peu votre garde-robe.... Que de jupes, de vieux corsages, d'anciens manteaux, vous pourriez donner à celles qui grelottent dans des robes trouées !

« Quand vous aurez ainsi réuni un petit ballot utile, portez-le vous-même à destination, cela en doublera le prix.

« En voyant face à face ceux à qui vous

aurez donné un peu de joie, vous puiserez dans ce contact des forces nouvelles pour votre charité.

« J'ai horreur de celles qui portent leurs aumônes ostensiblement à une administration quelconque ne s'inquiétant pas de la manière dont elles seront distribuées.

« Ils le font par devoir, à la façon de ceux qui jettent leur bulletin dans l'urne, sans même savoir à qui ils ont donné leur voix.

« Ah ! quelle belle œuvre de charité il y aurait à pratiquer si chacun consultant ses moyens, son budget, se sentait impérieusement obligé par sa conscience d'homme à en secourir un plus malheureux que lui !

« C'est à nous, femmes, qu'il appartient de faire le premier pas dans cette voie.

« Lorsqu'après une journée de course ou de promenade, nous jouissons paresseusement du bien-être de notre « at home », pensons aux déshérités qui nous entourent, et vite, mettons-nous à l'œuvre pour eux, Cette charité-là, pour n'avoir pas l'éclat de celle que l'on affiche dans les fêtes dites de bienfaisance, n'est-elle pas cependant plus efficace ? (1)

Qui donc n'a pas auprès de soi quelqu'un ayant besoin d'être secouru ? Ceux-là seuls ne voient personne, que l'égoïsme aveugle ou qui ferment volontairement les yeux ; il n'est jamais nécessaire d'aller loin pour trouver des misères à soulager et des peines à consoler ; si chacun commençait par étendre autour de soi le rayonnement de la bienfaisance, l'humanité tout entière ne tarderait pas à être enlacée dans le merveilleux filet de la charité.

Commençons donc par faire auprès de nous, autour de nous, tout le bien possible à ceux dont nous pouvons facilement constater

(1) INDIA, *Petit Journal.*

les besoins ; mais voilà souvent ce qui nous irrite, nous les connaissons trop : celui-ci est ivrogne, celui-là est débauché, cette fille est paresseuse, cette autre est effrontée, cette mère n'a pas d'ordre, ce père sort de prison, ces enfants sont des vagabonds qu'attend la correctionnelle !... et nous voudrions de jolis pauvres, bien propres, polis comme des gentilshommes, patients comme des saints, qui nous remercient de nos bienfaits dans ce langage élevé et chaleureux qu'on prête à quelques-uns dans les livres écrits par des auteurs qui font parler leurs personnages comme ils parleraient eux-mêmes ; des pauvres vertueux et résignés ayant toutes les qualités et pas un défaut... Mais hélas ! sachons bien que ces malheureux vers lesquels nous allons pour leur porter aide et consolation, sont le plus souvent des cœurs aigris par la souffrance, révoltés par la misère, des esprits atrophiés par le travail machinal,

des consciences faussées par le mauvais
exemple et l'excitation continuelle aux
mauvaises passions ; des corps difformes,
des âmes gangrenées, des êtres malheureux ou coupables affectés de toutes les
déviations morales et physiques.

Bien plus : « Impérieuse pour les ani-
maux, la loi de l'atavisme s'impose aussi
à l'homme, et dans des proportions con-
sidérables dont le moraliste doit tenir
compte ; il y a des enfants issus de géné-
rations mortes au bagne, car dans le monde
du méfait on est voleur de père en fils ;
comment exiger qu'un tel produit ne soit
pas empoisonné dès la conception, de toutes
les maladies morales dont les ascendants
ont été affectés ? Où est ta mère ? A la
centrale. — Où est ton père ? A la Nouvelle ! » (1)

Voilà donc cette région que nous nous

______

(1) M. DU CAMP.

préparons à explorer ; attendons-nous à y faire de douloureuses découvertes, de pénibles reconnaissances ; dilatons bien notre cœur aux aspirations de la charité chrétienne pour ne pas être suffoqués dans l'atmosphère impure où nous allons entrer ; imprégnons nos regards des rayonnements célestes pour ne pas être aveuglés des terrifiantes obscurités qui vont nous assaillir, et puis, courageusement, l'amour du Christ au cœur, élançons-nous en avant.

2° *Comment nous devons secourir les pauvres !*

Avec délicatesse, avec discrétion, dignité, respect du malheur, même du malheur mérité par des fautes ; avec l'empressement, la bonté que nous mettrions à être agréables à nos meilleurs amis, mais aussi avec un désintéressement qui nous fasse sacrifier nos projets, nos goûts, notre satisfaction personnelle pour que notre aide soit mieux appropriée, plus

bienfaisante en un mot. Il y a des personnes qui trouvent moyen de pratiquer
l'égoïsme jusque dans l'exercice de l'aumône, qui veulent la faire comme elles
l'entendent et non comme les nécessités
l'indiquent; qui veulent imposer leurs
systèmes, leurs manières de voir, changer
les habitudes de ceux qu'elles obligent et
les diriger en tout.

Avant d'être utile au prochain et pour
arriver à lui être utile, il faut commencer
par lui être agréable; il faut avoir conquis
les sympathies avant de se permettre de
donner des conseils; enfin si nous devons
toujours être prêtes à répondre à l'appel
de ceux qui peuvent avoir besoin de nous,
sachons ne pas nous imposer. Paraissons
dès qu'on nous réclame, retirons-nous quand
notre mission est remplie. Autant nous désirons la visite du médecin quand nous
avons la fièvre, autant nous trouverions
insupportable qu'il revint tous les quarts

d'heure nous tâter le pouls et nous faire tirer la langue.

Les bienfaits donnés attachent bien davantage que les bienfaits reçus; persuadons-nous bien que nous aurons toujours beaucoup plus de plaisir à revoir ceux que nous aurons tirés d'un mauvais pas ou dont nous aurons amélioré le sort, que ceux-ci n'en auront à nous revoir nous-mêmes.

Gardons-nous, dans un bel élan d'attendrissement et de générosité, de donner tout de suite tout ce dont nous pouvons disposer; il y a un proverbe qui dit que l'argent ne reste pas où il n'est pas habitué à demeurer; mais en effet ceux qui n'ont jamais eu d'argent à leur disposition ne savent pas le ménager, d'ailleurs, autant que possible, il vaut mieux donner en nature les objets les plus nécessaires que de donner de l'argent qui pourrait avoir un mauvais emploi; il vaut mieux donner des couvertures aux vieillards, des vêtements aux enfants, du bois, du pain, de la viande et cela en quantité suffisante, au fur et à mesure des besoins, mais non pas à profusion pour que la pensée d'en trafiquer, n'en vienne pas à ceux qui les reçoivent.

Evitons soigneusement aussi de donner à des pauvres, obligés de travailler du matin au soir, des vêtements usés et déchirés qu'ils n'ont pas le temps de raccommoder et d'ajuster à leur taille ; voilà un travail tout tracé pour les femmes désœuvrées qui s'ennuient et trouvent les journées trop longues : mettre ces vêtements en état avant de les donner.

Efforçons-nous de ne pas trop diviser et disperser nos aumônes, une pièce de cinq francs par ci, par là, ne remédie à rien, c'est une goutte d'eau sur un incendie, mieux vaut n'embrasser d'œuvres que ce que nous pourrons en soutenir et y apporter une participation sérieuse qui puisse produire un résultat réel.

Enfin comme nous l'avons dit précédemment, on ne fait pas la charité qu'avec de l'argent, il y a les soins qu'on peut offrir, le travail qu'on peut procurer, les consolations qu'on sait trouver, les plaintes qu'on sait écouter sans montrer d'ennui ; les encouragements qui relèvent le moral abattu, une attention, une parole affectueuse, une joie qu'on apporte à des vieillards délaissés, à de pauvres enfants pour qui la vie n'a que des tristesses et dont le sourire s'est figé sur leurs lèvres blèmies.

Il n'y a pas que ceux qui ont froid et qui ont faim qui sont malheureux, il y a ceux qui sont tristes, ceux qui pleurent des êtres chers, ceux qui ne comptent autour d'eux, ni affections, ni tendresses ; il y à même des riches très malheureux et il y en a beaucoup, tout le monde envie leur situation, personne ne soupçonne leurs secrètes douleurs. Pour ceux-là le meilleur remède à leurs maux sera de travailler au bonheur des autres, et s'ils ne connaissent pas le chemin des pauvres demeures, c'est à nous de le leur montrer: « se consacrer aux « douleurs d'autrui, c'est oublier les siennes « propres ».

Apportons une grande persévérance à faire le bien, que ce ne soit pas d'une manière intermittente et seulement quand nous sommes bien disposées, la souffrance ne désarme jamais devant l'humanité, ne désarmons jamais devant la souffrance, « la continuité du dévouement engendre la « paix de la pensée et le contentement du « cœur » (1).

Il sera nécessaire d'apprendre à nous effacer quelquefois pour faire place aux

_____

(1) M. du Camp.

efforts, au relèvement moral, absolument comme on se cache pour obliger un enfant à marcher seul, mais nous tenir quand même prêtes à répondre au moindre appel ; je dirai même que nous ne devons pas abandonner les ingrats, nous devons retourner vers eux sans nous lasser.

Est-ce que Dieu se lasse de nos ingratitudes, est-ce qu'il ne nous continue pas ses bienfaits malgré notre manque de reconnaissance ? Où en serions-nous si Dieu nous avait abandonnées dès notre premier oubli ? « Le sentiment de la gra- « titude, je ne l'aperçois guère que chez « l'être charitable qui rend grâces au Ciel « d'avoir une bonne action à commettre, « une infortune à soulager, pour celui-là, « la jouissance est double, il a fait du « bien aux autres, il s'est fait du bien à « lui-même » (1).

(1) M. DU CAMP.

« La conséquence immédiate de la cha-
« rité est d'être un bienfait pour celui
« qui l'exerce ; si elle atténue la pauvreté
« et la douleur d'autrui elle a touché son
« but ; si elle ne réussit pas, elle n'en
« est pas moins un agrandissement moral
« et une jouissance pour celui qui a tenté
« l'aventure, c'est pourquoi ceux qui se
« consacrent aux bonnes œuvres ignorent
« le découragement » (1).

3° *Quel langage devons-nous parler aux pauvres ?*

Voilà une question qui peut sembler
étrange et qui a pourtant sa raison d'être ;
il y a des personnes qui se sentent inti-
midées à la pensée d'aborder les pauvres,
cela peut paraître singulier, ce n'est pas
moins vrai : il y a des duchesses tout
aussi embarrassées de faire leur entrée dans

(1) E. Drumont.

une mansarde, qu'une chiffonnière de se présenter dans un salon ; la pensée de se produire dans un milieu inconnu donne toujours certaines appréhensions.

Il serait aussi illogique de s'attendre à trouver dans un monde tout différent du nôtre, l'élévation de sentiments que l'éducation a développée en nous et les euphémismes auxquels nous sommes habituées, qu'il serait ridicule d'y apporter les afféteries de langage que nous employons journellement ; nous devons nous y montrer ce que nous sommes, sans nous contrefaire, sans minauder ; employer un langage vrai, qui traduira une charité réelle, une grande simplicité.

Être vrai ! être simple ! paraître ce qu'on est, être ce qu'on paraît ! que c'est rare ! L'habitude que nous avons du monde et des faux-semblants qui y ont cours, finit par nous enlever le sentiment ou plutôt la conscience du vrai, on est habitué à se composer un maintien, un visage, une manière de parler, il n'est pas jusqu'à la voix dont on ne change ou modifie les inflexions.

« Le mensonge, l'écart entre la réalité et « l'apparence ; entre ce que les gens « disent, font semblant de croire, de vou- « loir, d'espérer, et l'état vrai de leur « cœur et de leur esprit, une fictivité « générale : telle est la caractéristique du « temps présent » (1).

On joue toujours un rôle, on est tou- jours en scène, et on attend les applau- dissements. Dans le monde, on en recueille bien un peu ; des applaudissements de convention, mais dans la vie réelle, dans la vie sérieuse et chrétienne cet excitant manque, il faut se contenter de l'approba- tion de la conscience.

(1) E. Drumont.

Donc, parler simplement mais avec dignité, avec bonté ; toutefois le langage de la bonté ne nous viendra pas spontanément, si, dans notre intérieur, avec les nôtres, nous n'avons pas pris l'habitude de ménager les susceptibilités, de pratiquer ces condescendances, ces abnégations de détail, insignifiantes en apparence et qui cependant représentent la paix journalière dans la famille.

Soyons attentives à ne laisser percer ni mépris ni répulsion, faisons luire l'espérance aux regards de ces pauvres découragés ; chargeons-nous de réaliser pour eux quelques-unes de leurs espérances temporelles, parlons-leur ensuite des espérances éternelles, mais ne gâtons pas nos efforts par un désir immodéré de convertir ceux que nous assistons, sachons attendre l'heure de Dieu, ne précipitons rien et résignons-nous à semer beaucoup de bien pour en récolter fort peu ; ne soyons pas plus exigeantes que Dieu qui n'a pas hésité à mourir pour le salut du monde, bien qu'il sût que beaucoup rendraient ce sacrifice inutile; qui pourrait foudroyer ceux qui l'offensent et qui cependant reste muet et silencieux au fond de ses tabernacles, respectant le libre arbitre qu'Il a laissé à l'homme, et l'attendant à merci jusqu'au dernier jour.

Parlons de Dieu, mais modérement et avec tact selon les dispositions de ceux que nous visitons; surtout n'imposons jamais de pratiques religieuses qui seraient peut-être accomplies par hypocrisie pour ne pas perdre l'avantage de nos secours; prêchons bien plus d'exemple que de paroles; prêchons par notre dévouement, notre patience, notre désintéressement.

J'ai connu un humble curé de campagne de l'un des plus mauvais diocèses de France, il avait été nommé dans une paroisse où personne n'allait à l'église, c'est tout juste si chaque dimanche il trouvait, en les payant, des chantres pour la grand'messe et les vêpres ; dans le temps de la moisson, il n'avait même pas un enfant de chœur pour lui répondre la messe le matin ; il trouvait difficilement une servante pour tenir son ménage.

Ses largesses et sa douceur lui concilièrent cependant la sympathie de tous les paroissiens, mais ils n'en allaient pas plus à l'église pour cela et le pauvre curé se désolait, s'imaginant qu'il ne faisait aucun bien. Cependant sa modestie fut obligée de constater ce résultat : que pendant la durée de son ministère dans cette commune, personne n'y mourut sans réclamer les derniers sacrements et aujourd'hui son successeur voit l'église fréquentée ; Dieu ne permet pas toujours que ce soit nous qui récoltions le bien que nous avons semé.

4° *Contre quels abus faut-il nous prémunir?*

Le plus grave et le plus répandu c'est assurément l'exploitation de· la Charité par les faux pauvres, ou plutôt par les gens vicieux qui prétendent vivre sans travailler aux dépens des cœurs généreux. Nous ne saurions trop nous mettre en garde contre cette exploitation pratiquée sur une grande échelle avec une intelligence et un talent dignes d'un meilleur emploi et qui constitue une plaie sociale et une menace permanente; l'initiative privée peut lutter avec avantage contre ce fléau et nous tenons à citer à l'appui de notre opinion un article du *Petit Journal* en date du 11 mai 1891.

Nous avons, à diverses reprises, entretenu nos lecteurs des tentatives de cautérisation de cette plaie sociale qu'on nomme la mendicité.

Au moment où d'un pôle à l'autre de la vieille terre, et dans l'antique Europe et dans le Nouveau-Monde, l'on cherche à éviter ou du moins à reculer la désastreuse bataille que veulent livrer aux travailleurs ayant conquis le capital les travailleurs ne possédant rien ; alors que l'on cherche à utiliser au profit de l'homme toutes les forces de la nature, il est indispensable de se servir des forces humaines que la paresse et le vice ont depuis trop longtemps rendues improductives et dangereuses pour les sociétés.

On sait que les efforts tentés jusqu'ici ont été impuissants, que les vagabonds et les mendiants, qui consomment et ne produisent pas, sont des parasites coûteux, accaparant, pour ainsi dire, une partie de la fortune publique au détriment des laborieux.

On sait aussi que, pour remédier à ce mal, une commission dite « de la mendicité professionnelle » a été nommée par le conseil municipal de Paris.

Où en sont les travaux de cette commission, quelles solutions sont proposées par elle ? C'est ce que nous examinerons aujourd'hui.

Avant de discuter les projets d'une réforme qui s'impose, le conseil municipal a voulu avec raison, connaître les progrès réalisés dans les pays étrangers.

Nous avons résumé le premier rapport rédigé par M. Georges Berry et qui nous à fait connaître l'œuvre considérable de la Société de bienfaisance néerlandaise.

Un autre membre de la commission, Monsieur Bompard, vient à son tour de publier le résultat de ses recherches qui ont eu pour objet la législation comparée de la mendicité.

Après des considérations générales qui nous sont connues et un examen de la question dans les temps anciens, partant de ce principe qu'on ne peut défendre la mendicité qu'après avoir fourni du travail aux pauvres, l'honorable rapporteur passe en revue, dans son étude, terminée il y a quelques jours, la tendance actuelle des législations modernes et les procédés employés par les différents gouvernements de l'Europe.

Cette revue offre un grand intérêt. Résumons-la.

En Belgique, on cherche actuellement à

remplacer les dépôts de mendicité par des colonies agricoles où l'on recueille des invalides, des mendiants condamnés, des internés volontaires. Le travail y est obligatoire ; presque tout ce qu'il produit est consommé dans la colonie. Les résultats matériels de ces colonies sont très remarquables. De grandes étendues de terrain où ne poussaient jadis que des bruyères ont été fertilisées. Mais on a critiqué ces établissements comme tout à fait insuffisants au point de vue de la moralisation et du relèvement. On les a accusés d'être des écoles de corruption pour les êtres d'un caractère faible.

En Autriche, les autorités chargées de veiller à la sûreté publique peuvent enjoindre aux personnes capables de travailler d'avoir à prouver dans un délai déterminé qu'elles ont des moyens licites de subsistance, sous peine d'arrêts de rigueur de huit jours à trois mois. Les communes peuvent assurer aux malheureux un travail, moyennant salaire ; en cas de refus la pénalité est encourue.

En Suède, un avertissement est d'abord prononcé contre celui qui, sans occupation, vagabonde d'un lieu à un autre. En cas de récidive, la détention est ordonnée excepté contre les vieillards et les infirmes.

En Angleterre, les personnes oisives et débauchées sont punies d'un mois de prison avec travail dur ; les vagabonds de trois mois et sont considérés comme tels, non seulement les mendiants ou les misérables qui simulent des infirmités, mais encore ceux qui abandonnent leurs femmes et leurs enfants à la charge de l'assistance. En cas de récidive l'emprisonnement peut aller jusqu'à un an et, s'il s'agit d'un homme le fouet peut être appliqué.

Si la plupart des lois récentes ont établi des peines légères pour la contravention de mendicité, elles ont en même temps permis à l'autorité de renfermer les condamnés pour un temps plus ou moins long à l'expiration de la peine.

Des établissements de travail forcé ont été

établis par exemple, depuis 1885, dans le canton de Lucerne, dans le canton de Berne, dans l'Etat de New-York, au Brésil et aussi dans les royaumes d'Autriche et de Hollande, dont nous venons de parler.

Les détenus sont, presque partout, occupés à des travaux agricoles.

En Allemagne, les lois contre les pauvres n'étaient autrefois que des répressions, souvent fort cruelles, contre ceux qui essayaient de trouver leurs moyens d'existence dans la mendicité ostensible. Ces mesures n'étant pas secondées par d'autres ayant pour but l'amélioration du sort des malheureux et la possibilité de leur fournir des moyens d'existence, elles devinrent bientôt insuffisantes, et l'Etat reconnut la nécessité de créer une Assistance publique.

La conséquence de cette création fut que ceux qui ne voulurent point en accepter les bienfaits, les mendiants d'une part, les vagabonds de l'autre, se virent menacés de peines très sévères, de la prison et de l'expulsion ;

mais ces châtiments ont été vains, parce que l'assistance n'est pas suffisamment organisée.

Elle se compose de refuges organisés par communes ou par arrondissements et qui recueillent pour un petit nombre de jours les passants sans ouvrage, leur enseignent les lois prohibitives contre la mendicité, puis les mettent à la porte si vite qu'ils recommencent aussitôt à mendier.

Il y a aussi des colonies de travail où le travail est obligatoire, où l'on cherche à servir d'intermédiaire entre le producteur et le consommateur, à placer les domestiques sans place.

Mais ces tentatives sont en quelque sorte annulées par la paperasserie, par la nécessité de présenter des livrets, des passeports, qui plus est, on a infligé, douceur toute prussienne, des châtiments corporels aux adultes de ces établissements.

Ces mesures de rigueur n'ont donné, on le devine, aucun résultat satisfaisant.

En Italie, où les peines contre les mendiants sont les plus sévères, parce que le mal sévissait dans ce pays plus que dans tout autre, les mendiants et oisifs d'habitude sont dénoncés et emprisonnés, mais ceux qui sont incapables de tout travail sont envoyés par les soins de l'autorité publique dans des établissements de bienfaisance qui sont obligés de les recevoir.

Toutes les œuvres de bienfaisance sont tenues de secourir ceux qui y ont droit, sans distinction d'opinions politiques ou de croyances religieuses, et ces œuvres sont dissoutes si elles se mettent en contravention avec la loi.

Telles sont les mesures aujourd'hui prises en Europe.

De leur rapide énumération il résulte que nos pauvres sont actuellement moins bien secourus que ceux des étrangers, parce que, à l'étranger, l'initiative privée vient mieux que chez nous en aide à la loi, non pour réprimer, mais pour prévenir la mendicité.

Ainsi en Allemagne des colonies d'assistance fondées par le pasteur Bodelschwing sauvent de la mendicité le quart des personnes qui y entrent.

Environ 90 sociétés pour l'organisation de la charité en Angleterre, à peu près 80 aux Etats-Unis, ont pris à tâche de diminuer la mendicité et de relever la condition matérielle et morale des pauvres.

Ne rien donner sans enquête ; choisir le genre d'assistance qui devra mettre le malheureux en état de travailler ; établir un lien entre les différentes œuvres de bienfaisance qui donnent chacune de leur côté, souvent aux mêmes, tels sont les procédés qu'ont adoptés 83 villes du globe et grâce auxquels elles ont vu le chiffre des indigents décroître, les sommes nécessaires à l'assistance diminuer, un grand nombre revenir au travail et n'avoir plus besoin de secours.

Ce sont ces exemples que nous devons donc imiter, et l'on en est réduit à constater que pour combattre d'une manière efficace le fléau de la mendicité professionnelle, c'est sur l'initiative privée qu'il faut compter (1).

Dès les premiers siècles de l'église, la Cha-

(1) Thomas Grimm.

rité était organisée de manière à éviter les abus ; les diacres distribuaient les aliments au domici : des pauvres, c'est le caractère des trois ou quatre premiers siècles de notre ère.

« Nous avons déjà parlé des diacres, de ces
« imitateurs de saint Étienne, de leur pieuse
« habileté à découvrir ceux qui avaient faim,
« de leur admirable empressement à les
« assister et à les nourrir ; le nombre des
« misérables accrut bientôt le nombre de
« leurs libérateurs. A Rome, on eut le noble
« et consolant spectacle de cette organisation
« diaconique, la ville fut divisée en sept
« régions que sept diacres dits régionnaires
« devaient sans cesse parcourir et évangéliser
« et dans chacune desquelles ils ne devaient
« laisser aucune faim sans l'assouvir, aucune
« soif sans l'étancher : c'est ce qu'ils firent,
« le livre pontifical nous l'atteste et aussi les
« actes des martyrs » (1).

(1) L. GAUTIER.

La charité des diacres, toute ardente qu'elle fut, était cependant ordonnée et réglée avec une sagesse étonnamment pratique ; tous les pauvres n'étaient pas secourus de la même manière. « Procurez de l'ouvrage aux ouvriers », dit saint Clément en sa première épître, et il ajoute : « Pour ceux qui n'ont « aucun métier, cherchez-leur d'honnêtes « occasions de gagner le nécessaire ; faites « des aumônes à ceux qui sont incapables de « travailler » ; et les *Constitutions apostoliques* ne sont pas moins délicates lorsqu'elles donnent ce conseil aux diacres et aux fidèles : Distribuez à propos, donnez à chacun selon ses besoins.

En effet pour les gens valides, on ne devrait pratiquer l'assistance que par le travail ; de cette manière, il n'y aura aucun abus. Il faut bien faire des aumônes aux infirmes, aux malades, aux mères chargées d'enfants, que leur travail seul est insuffisant à nourrir et encore, devrons-nous éviter de faire naître et d'encourager les besoins factices ; les privations dont souffrent les pauvres suggèrent à notre cœur le désir de les dédommager quelquefois par l'offre de quelques douceurs qui sont d'autant plus appréciées qu'elles sont plus rares ; certes, c'est une bonne pensée, un généreux sentiment, auquel nous pouvons nous laisser aller de temps en temps, mais pas assez souvent pour ouvrir la porte aux abus.

Quand nous aurons secouru une famille dans un moment de chômage ou pendant la maladie de ceux qui gagnaient la subsistance des autres, il faudra nous retirer, une fois le travail repris ou les malades guéris, et porter nos secours d'un autre côté ; ce n'est pas toujours nous qui souffrirons le moins de cet abandon qui nous empêchera de jouir de notre œuvre et de nous complaire dans l'examen du bien que nous aurons fait, mais il faut nous souvenir que nous ne sommes que des dépositaires et que les créanciers de la Providence nous attendent les uns après les autres ; nous devons rester sur la brèche et ne pas déserter le champ de bataille où Dieu nous envoie ramasser les blessés de la lutte quotidienne.

Rendons grâces au Ciel d'être de celles qui secourent au lieu d'être de celles qui sont secourues ; qu'avons-nous fait pour mériter une meilleure part ? Rien ; c'est à la miséricorde de Dieu que nous devons ce que les indifférents appellent un heureux hasard, mais que nous chrétiennes nous savons être une disposition voulue par la Providence ; et cette situation ne nous confère pas des avantages enviés sans nous imposer des devoirs sérieux et de lourdes responsabilités ; la fortune ne nous a pas été donnée pour l'employer à épuiser toutes les jouissances, et la loi du travail imposée à l'homme au lendemain de la prévarication ne saurait être éludée ; labeur du corps ou de l'esprit ; culture du sol aride ou des intelligences rebelles ; amélioration des produits de la terre ou des consciences dévoyées, nous avons tous notre part de travail à accomplir, notre somme de responsabilités à porter jusqu'au jour où le Maître nous dira : Rendez vos comptes !

Rendez vos comptes, épouses heureuses et insouciantes qui n'avez pas consolé la femme injustement accablée de travail et de mauvais traitements ; qui n'avez pas secouru la jeune fille que la pauvreté, le manque de travail ont jetée dans l'inconduite.

Rendez vos comptes, mères égoïstes qui avez joui de tous les biens sans penser aux mères indigentes dont la misère a tari le sein et qui eussent sauvé la vie de leur enfant avec le prix d'un jouet brisé par le vôtre dans un moment d'ennui !

Rendez vos comptes, femmes inutiles, qui avez gaspillé le temps en vaines curiosités en conversations oiseuses, tandis que de pauvres ouvrières sacrifiaient leur sommeil pour gagner la subsistance de parents infirmes ou malades !

Rendez vos comptes, femmes bavardes, dont la langue déchire les réputations, blesse les cœurs, humilie les faibles, et qui n'avez pas trouvé une parole de consolation ou d'encouragement pour les tristesses de votre prochain !

Rendez vos comptes, femmes adulées et triomphantes, qui avez eu tous les honneurs, tous les respects, toutes les sympathies et qui n'avez pas su tendre la main aux humbles, aux timides, aux méconnus.

Rendez vos comptes, riches sans cœur qui avez joui de tous les biens de la vie sans penser à les partager avec ceux qui n'en connaissent que les maux ; qui avez écarté les pauvres de votre chemin, qui êtes restés sourds à leurs plaintes et qui avez ajouté l'insulte de votre mépris au poids de leurs douleurs. Oh ! alors que de hontes, que d'inutiles regrets, que de stériles désespoirs !

Le temps aura sonné sa dernière heure et le repentir ne sera plus admis !

Utilisons-le donc ce temps qui est la monnaie de l'Eternité, utilisons-le pour le bien des autres et ce sera l'utiliser pour nous-mêmes. « Que chez nous tout soit « union ! louons, approuvons tout ce qui est « bien. Aimons-nous et aidons-nous. Ga- « gnons les ennemis de notre foi à force de « les aimer et de leur faire du bien. Même « alors que nous combattons l'erreur ou « que nous flétrissons le mal, que la charité « palpite dans notre cœur ! Dominons « l'amertume qui de l'âme monte aux lèvres « quand la haine des hommes se déchaîne « contre ce que nous croyons et ce que nous « aimons. Ce qu'il y a de plus fort au « monde, ce qui a vaincu le monde, c'est « l'amour. » (1)

Alors nous pourrons approcher sans

(1) Monseigneur DAVID, *Lettre pastorale*.

crainte du Dieu qui récompense un verre d'eau froide donné en son nom. Il nous dira : Venez les bénis de mon Père, car ce que vous avez fait au plus petit des miens, vous l'avez fait à moi-même !

FIN

Maison de la Bonne Presse de l'Aisne. — Imprimerie de Limé, par Braisne.

— OUVRAGES —

DU

MÊME AUTEUR

Récits familiers, *dédiés aux enfants des campagnes* (in-12).................... MAME.

Marie Sainte Trégonnec, *histoire d'une domestique* (in-12)...................... MAME.

La Bohémienne (in-8)...... .... E. ARDANT.

L'Orpheline de Dol (in-8) *Ouvrage récompensé d'une médaille d'honneur à la Société d'encouragement au bien, le 31 Mai 1896.* .... E. ARDANT. LIMOGES

La Femme d'un avocat.................. GAUTIER.
Vie de M. Meslé, curé de Notre-Dame de Rennes......... ....

De l'Éducation familiale, *sujet donné au Concours et primé par la Société d'encouragement au bien, 1897*...... PÉRISSE.